互联网思维下的口碑营销

马悦◎著

中国财政经济出版社

图书在版编目（CIP）数据

互联网思维下的口碑营销／马悦著．— 北京：中国财政经济出版社，2015.5

ISBN 978-7-5095-5984-0

Ⅰ.①互…　Ⅱ.①马…　Ⅲ.①网络营销　Ⅳ.①F713.36

中国版本图书馆 CIP 数据核字（2015）第 013342 号

责任编辑：马　真　　　　　　　责任校对：甄　飞
责任印制：刘春年　　　　　　　版式设计：丁丁图文

中国财政经济出版社出版

URL：http://www.cfeph.cn
E-mail：cfeph@cfeph.cn

（版权所有　翻印必究）

社址：北京市海淀区阜成路甲 28 号　邮政编码：100142
营销中心电话：010-88190406　北京财经书店电话：010-64033436
北京时捷印刷有限公司印刷　各地新华书店经销
787×1092 毫米　16 开　14 印张　174 000 字
2015 年 5 月第 1 版　2018 年 1 月北京第 2 次印刷
定价：42.00 元
ISBN 978-7-5095-5984-0/F·4819
（图书出现印装问题，本社负责调换）
本社质量投诉电话：010-88190744
反盗版举报热线：88190492　88190446

序：营销变革，不忘初心

马悦一直自称是我的弟子，其实他曾是我的甲方，后来成了朋友。

这个朋友待人诚恳。有年春节前夕，突然收到一个来自西安的大包裹，打开一看，全是花花绿绿的剪纸和馍，很是喜庆。

马悦寄来的。

同事们全乐了，说："乡下有亲戚真好。"

这个朋友做事和做人一样，风风火火，热情高涨。

当年做甲方时，有个重要的创意需要完成，他得知我在新环境中能激发出创意的灵感，就将正在上海出差的我"绑架"至地处湖滨路的杜月笙"大公馆"逼活儿，结果我外裤脱了一半，还没来得及躺下，就完成了马总的任务。

这个朋友对营销有着始终不渝的痴迷。

2000年，马悦获首届"中国杰出营销人金鼎奖"总经理奖。从此以我弟子自居。后来出来自己创业，在市场上一路厮杀，也经常跑来和我大谈营销心得。奇怪的是，他很少谈自己的项目，更多的是讨论如何帮朋友解决问题。我调侃他说："你是'身在实业，心在咨询'"。

这个朋友"好学"成瘾。

每次听我讲课,事后居然能分毫不差地"复盘"。最近我在"2014 中国营销盛典"上做主题发言,马悦又跑来"蹭听",并交上他的新作《互联网思维下的口碑营销》作为"作业",其实是"故伎重演","逼"我为他的大作作序。

翻看了一下,案例翔实,观点鲜明,是写新环境新营销的,抓住了当下企业营销的"痛处"和"痒处",和我当天演讲的主题正好相关。

我"请示"马总:"以今天演讲的内容代序如何?"马总欣然接受。

以下为本人在"2014 中国营销盛典"上的演讲内容,略有增删。

说到营销,现在的企业"有点慌,有点急,有点乱"。

慌,互联网了,"世道变了",如何适应?怎么应变?有点心慌。

急,大家都电商了,"双十一"发货发到腿软了,谁谁谁被风投了,谁谁谁IPO了,而自己还没上路,岂能不急?

乱,实体还是电商?小米还是天猫?O2O还是B2C?一个个新概念像化学方程式似的,让人心智迷乱。

于是大家一再叨念着马云几年前的那句咒语:"看不见、看不起、看不懂、来不及"。

有人说,马云这句话是说互联网的。有人说,马云这句话适合于创业所面临的不同阶段。也有人说,马云这句话泛指人们面临新事物的普遍心态。

总之,神一样的马云说出了真理,真理在握的马云自然就是神。

今天,是2014年的年末,我们一如既往地在这里总结过去,展望未来。大神们喜欢在这样的时刻指点江山,而且以打赌的方式。

2012年年底，央视年度经济人物颁奖晚会，主题是"电子商务能否取代传统实体零售"。前首富王健林和现首富马云设下赌局："2020年，10年后，如果电商在中国零售市场份额占到50%，我给马云一个亿。如果没到，他还我一个亿。"大半个2013年，财经界的热点话题始终围绕这个"赌局"。

2013年12月12日，还是同一个颁奖晚会，对赌又发生了。这回是男女对赌，男的是"小米"的雷军，女的是"格力"的董明珠，神汉对女神。这回赌注为10亿元。标的是5年内"小米"的销售额超过"格力"。雷军是小赌养性，开出赌资一元。董明珠是个刚烈女子，直接将赌注升到了10亿元。当然，这是一个演给全国人民看的秀，但主题却很严肃：传统产业对赌新经济。

2014年，晚会不办了。但我们依然绕不开这个话题，互联网背景下的企业营销究竟将何去何从？

一、新经济旧经济都是经济，新营销旧营销都是营销

毫无疑问，互联网是一场技术革命。这是计算机领域的第三次革命，因其对经济和商业以及人们生活方式的巨大影响也被称作是第三次工业革命。第一次工业革命成就了英国，第二次工业革命成就了美国，这一次革命，我们正在抓住机遇，我们有了BAT。

这三次革命有两个共同点：

一是三大社会资源与基础设施的进步：通讯媒介、能源与交通。第一次是蒸汽驱动的印刷和电报以及铁路网建设。第二次是电话、广播电视、石油和集中供电。这一次是移动通讯和互

联网。

二是联通。第一次工业革命以铁路联通全国；第二次工业革命是内燃机车、高速公路相互融合；这一次互联网将全面联通通讯、信息、能源和物流，所谓的物联网将以云技术、传感器、大数据、移动设备、计算机为依托联通人类的一切。

互联网很牛，但也就这么牛。

人得吃喝拉撒睡，一样没改变，即便下一个浪潮是智能互联和机器人，生活的主体依然是活生生的人。

新经济旧经济都是经济，新营销旧营销都是营销。

小米现在热闹非凡，算是新经济、新营销吧？那我们来看看小米是怎么做的吧！

最近，网传雷军在联想内部的讲话，介绍小米的理念和做法，无非有四点：

1. 做好产品。真材实料，英华达、富士康加工。

2. 学习沃尔玛、好市多（Costco），物美还要价廉。如何做到？提高效率！如何提高效率，引进一流人才。安卓、谷歌副总裁虎哥、新浪前总裁陈彤。

3. 口碑传播。如何被口碑？东西好，服务更好，超出消费者的预期。海底捞是学习的榜样。

4. 群众路线。小米社区，300万人，消费者提建议，虚心接受，立马动手，改进产品。如通讯录、VIP接听功能。

这与传统经济和营销有什么变化吗？技术，除了技术还是技术。

做好产品，从古到今，原则未变。只不过，雷军是个故事高手，公共演讲，滴水不漏。

价廉物美。消费者就是喜欢便宜货，感觉性价比是销售的不二法门。小米的发烧友概念是个秘密杠杆，就像动感地带"我的地盘听我的"，低档货卖出高档货的感觉来。雷军却把话题转移到人才上。故事高手，高，实在是高。

口碑传播。一个品字三个口，谁都知道。只不过以前是口耳相传，现在有了互联网。嘴巴撑大了，嗓门变响了。50万用户论坛发酵，事件营销推波助澜，高调演讲借势造势，自媒体矩阵四处扩散，这就是旧口碑和新口碑的区别。

群众路线。小米社区300万人，不仅形成了信息场、客源场，消费者还可以提建议。这个本是企业创新的基本方法，上世纪50年代奥斯本发明了创造工程学，讲的就是这个，后来在日本发扬光大了。但现在发展到消费者自己动手，数据库形成利基市场，这是互联网技术带来的进步。

这个好像和传统企业的经营模式没多大区别，做性价比，成本战略，"好酒不怕巷子深"，然后服务好一点。群众路线拜互联网所赐，参与者多一点，沟通顺畅一点。

二、思想不要乱，功夫深一点

现在企业做营销面临诸多困惑，一是各种说法太多，二是做起来不容易。

最近，有一位姓李的教授发个了热帖："离开产品谈情怀，好比太监说高潮。"

文章的第一条就是将营销与产品对立起来：营销融于产品，产品就是广告。

文章举例说：苹果代表产品，微软代表营销文化。我不知道李教授这么说的依据是什么？微软的产品很强大，苹果的营销很牛啊。

文章还拿一大帮企业大佬说事。如特斯拉老板马斯克，"实际上，我不喜欢营销这个概念，好像是骗人要去买产品一样。"奇怪，"免费试驾特斯拉"、"抽奖体验特斯拉"，这些活都是谁干的？

再比如雷军所说"其实好公司不需要营销，好产品才是最大的营销。"这话是雷军说的吗？如果是，这也太装了吧？看看他与可口可乐的跨界营销，看看他的故事营销，看看他玩的"发烧友"概念，还敢说小米不在乎营销？

再看看小米的"三三法则"——三个战略："做爆品"的产品战略，"做粉丝"的用户战略，"做自媒体"的内容战略。三个战术：开放参与节点，设计互动方式，扩散口碑事件。这就是雷军的不需要营销？

还讲了雕爷也是产品导向。笑话！500万元的配方？听歌剧的人才是消费者？太逗了吧？

今天的营销之所以难做，是因为权贵与平民、大佬与屌丝、精英与草根之间的战争一刻没有停止过，而大佬们还一直放着烟幕弹。

利益集团就是权贵与资本结合掠夺社会资源和市场利润，普通企业挣点辛苦钱还得给人上供。

吴晓波说：现实的互联网早已成为寡头统治的世界。这话一点不假。晓波还讲了个意味深长的故事：14年前，第五届"西湖论剑"上，有位女子指着丁磊说："我儿子玩网游离家出走，我杀你的心都有。"丁磊问："啥网游?"答："传奇。"丁磊忙说

"那是陈天桥的。"面对激烈的争论,按捺不住的马云搬张凳子就上去了。

晓波问得好:今天,那把凳子还在吗?

那时候,周鸿祎说:"我对'西湖论剑'不感兴趣,那是大公司的聚会,我对中小企业更感兴趣,他们能利用创新的技术取得成功。"而现在,周鸿祎做的却是如何坐稳BATEL的交椅。

我很佩服的一个人就是"罗辑思维"的罗胖,天天发日日说,不容易,信息质量也不错。但他天天讲互联网思维就是要去中心化,但他却成了新的中心。

我的一位朋友,资深互联网平台投资人说过电子商务无非五个要素,你想怎么玩,你能怎么玩,一目了然:平台、支付、消费者、产品、物流。

对中小企业来说:平台玩不起、支付玩不了、物流玩不动,只能在产品和消费者上做文章。再则,就像许多互联网企业一样,说的是面向市场,其实是叩首资本。

好了,说完了别人,想想自己吧。饭还得吃,生意还得做,营销怎么干?

我想告诉大家的是,营销的任务始终如一,永不过时:"创造价值、宣传价值、传递价值"(科特勒语)。

产品就是创造价值,就是满足消费者的需求。互联网时代的产品设计、开发更加直接、精准、灵活、迅速(数据的掌握和运用),成本更低(协作共享),更加直指人心(欲望经济,上瘾产品)。

宣传价值就是营销传播与品牌:基于消费者和竞争者的产品功能价值诉求,以及精神价值、心理价值、社会价值的塑造,如"钻石恒久远,一颗永流传"。就意识形态的作用而言,新营销也好,旧营销也罢，原理未变。

传递价值，就是信息流、资金流、物流的实现。互联网在这方面提供了极大的便利。

九九归一，所有的价值最终都要体现为消费者的感受与评价，也就是现在的热词：消费者体验。

需要说明的是，消费者体验不是仅仅指售后，而是营销的全过程，它表现为与期许相关的三种消费者反应：失望、满意与惊喜。体验营销并非新营销的新理念，传统营销在这方面已经讲得很多了。

可见，营销没有也不会过时，而是我们学得不够透彻，基本功不够扎实。所有成功的说法，都让我们看到了"巧"，所以大家都想投机取巧，而真实的情况是："所有成功的背后都是因为下了笨功夫"。

三、推销方式可变，推销精神永恒

前面讲营销，讲新营销旧营销都是营销，那位李教授可能会觉得委屈，也许他讲的营销是指推销，也许他举例中的那些大佬所指的也是推销。

我们的文化似乎也特别鄙视推销。连营销人也似乎急于划清与推销的界限。"营销就是让推销成为不必要"，德鲁克还有科特勒都这么说。

推销怎么啦？

美女 CEO 王萧说得好："无论是打工还是创业，其本质无外乎向老板或者客户出卖自己的有形或无形产品。一言以蔽之，大家都是出来卖的。"

我们不要忘了，没有推销就没有营销这个事实，而推销也并不卑贱。

1916年7月10日上午，第一届世界推销员大会在美国底特律召开。3 000名来自各行各业的推销员汇聚一堂。美国总统伍德罗·威尔逊亲临现场并发表主题演讲："你们要放眼整个商业界，不要只顾着手头的那一点点微不足道的事务。让你的思想和想象飞越国境，洒遍全世界。记住你们是美国人，应该给自己的所到之处带来自由、正义和人类的普遍原则。去吧，走出去，去销售那些能够让世界更舒适、更快乐的产品，并把它们转化为美利坚的原则。"

从本质上看，营销和推销并没有本质上的不同。"根据德鲁克的解释，销售就是说服潜在客户去购买已经存在的、推销者拥有的产品。相比之下，营销则是先去发现消费者的需求，然后着手制造或开发相应的产品。""如果营销做得完美，那么基本上不需要销售，产品就可以被卖出去"德鲁克的弟子威廉·科恩在一本书中写到。

现代营销理论的建立，无非是引导了销售行为的纵向延伸和横向扩展。所谓纵向延伸，无非是基于消费者洞察和竞争分析的市场细分和自我定位，以及重视售后的消费者满意。所谓横向扩展，就是科特勒等人将营销主体的范围扩大到一切领域和所有的美好事物。比如，互联网大佬们不仅贩卖产品，还贩卖理想、贩卖情怀，甚至贩卖隐私。

现代营销的奠基人菲利普·科特勒博士说："营销就是双方自愿发生的交换。"交换的主动方就是营销者。营销不就是推动交换发生吗？

这是一个谁影响谁的问题,但问题却出在如何影响。正当的影响要符合三个基本条件。

1. 公平。我们通常说"买卖要公平"。争取利益是交换过程中的双方博弈。"大家都赢"不完全是一个道德主张,更是社会协作过程中必须的设计和妥协。

2. 自愿:自愿是现代社会交换的基本原则,是买卖公平的前提,有别于强征、胁迫。

3. 公开:要想做到自愿交易、买卖公平,就必须做到公开。信息公开、影响手段公开。欺诈就是刻意隐瞒真实信息,甚至信息造假,影响手段不公开就叫操纵。无商不奸是怎么来的?就是因为破坏了这个原则,尤其是商业操纵。操纵技术一直很发达,从单一原理的小伎俩到行为编程的"洗脑"。

所以,多少年来推销乃至营销一直面临着伦理的审视。而推销的精神却是营销的初心,如果真的有一天推销真的成为不必要了,营销也就消亡了,市场交换也就化为乌有。

各位,互联网、新科技的前景不可估量,我们应该认识到这是一场深刻的技术革命。新技术就是新武器,有新武器不用的是傻子。

营销变革势在必行,然而营销的初心不变,营销的精神不变。因新技术新方式的出现,而自乱阵脚、妄自菲薄的就是疯子。

积极投身于营销的变革而不忘营销的初心,才是我们营销人应有的态度和节奏。

孔繁任

2014 年 12 月 17 日于北京

前　言

口碑营销（Word of Mouth Marketing）是一种很早就有的营销方式，在传统意义上，它是通过人们口口相传的模式把良好的口碑传播开来，形成强大的口碑效应。而现在，随着信息化时代的到来，信息的传播速度和传播受众都有了质的提高，口碑营销也受到了极大的影响。于是，网络口碑营销（Internet Word of Mouth Marketing）应运而生。

网络口碑营销实际上就是口碑营销和网络营销的有机结合。它继承了口碑营销的传播性和网络营销的快捷性。由于其具有传播速度快、受众群体多、成本极低、效果明显等优点，迅速成为很多企业首选的营销方式。但是，网络口碑营销并不是很简单地就能够收到效果，它需要各种技巧和持之以恒的精神。

消费者是一切营销的中心，网络口碑营销也不例外。这就要求企业在树立良好口碑的过程中必须将消费者的需求作为重中之重。企业只有满足消费者的需求，给消费者提供很好的产品体验和购物体验，他们才会对企业和品牌产生好感，从而传播这种优质的体验，形成口碑。这种好口碑通过人们熟知的微信、微博、QQ空间等互联网平台进行传播，就能引发蝴蝶效应，使企业和品牌的口碑得到广泛推广。

然而，企业也应该注意，通过互联网，不仅正面口碑会得到病毒式的传播，负面的口碑同样也能在一瞬间家喻户晓，成为消费者关注的焦点。也就是说，信息的高速传播为企业带来了各种可能性。为了避免负面口碑对企业的消极影响，企业除了要做好对负面信息的监控、建立对负面口碑的反应机制之外，更要尽可能地满足消费者的各种个性化的需求，这样才能有效地解决负面口碑可能产生的问题。

本书对口碑营销的过程、受众和技巧等做了深度剖析。全书共九章，第一章对一些著名企业的口碑营销进行分析，体现口碑营销的强大之处；第二章到第六章从不同角度对口碑营销的全过程进行细致讲解；第七章到第九章告诉你在遇到一些不利情况的时候，如何扭转局面，如何让口碑营销顺利进行。

网络口碑营销已经是世界上最便捷的企业营销工具，它更加适用于现在的社会现状。随着网络技术的快速发展，消费者的消费习惯和意识形态不断地向互联网靠近，网络口碑营销具有巨大的发展前景。可以说，口碑营销和网络营销的有机结合，将来一定是最常用也是最有效的营销模式。

在本书完稿时，特意将书中有关"洗之朗"的案例和时下流行的关于互联网思维的多数案例进行了删减，原因有二。首先，这是一本写口碑营销的书，而作者本人是"洗之朗"品牌的创始人和运作者，读者如心存"被营销"顾虑，就有悖于撰写本书之初衷，故在本书中除非不得已，将"洗之朗"的案例全部换掉。其二，互联网是营销传播的有力工具，互联网思维是营销思维体系的一部分，这些案例耳熟能详，不希望读者拿树木当森林，曲解口碑营销之魅力。

CONTENTS 目录

第一章 芝麻开门：口碑营销的神奇魔力 …………… 001

- No.1 小米：15亿元销售额背后的口碑营销………… 003
- No.2 聚美优品："陈欧体"制造的口碑效应………… 006
- No.3 奇虎360：靠争论打响自己的口碑……………… 009
- No.4 凡客诚品：网络口碑促进消费者下单………… 012
- No.5 动感地带：好音乐带来好口碑………………… 015
- No.6 相宜本草：正确利用社交网络………………… 018

第二章 网络口碑："多米诺"的源头 …………………… 023

- No.1 网络口碑营销的形成 ………………………… 025
- No.2 网络口碑的四大法则 ………………………… 028
- No.3 网络口碑传播平台 …………………………… 031
- No.4 网络口碑的参与者 …………………………… 034
- No.5 网络口碑传播的内容 ………………………… 038
- No.6 网络口碑营销的可信性与有效性 …………… 041
- No.7 主动创造良好的口碑效应 …………………… 044
- No.8 网络口碑传播需要引导 ……………………… 047

第三章　产品：有什么值得关注和传播 …… 051
- No.1　性价比是吸引消费者的第一要素 …… 053
- No.2　"卖相"对消费者的吸引力 …… 056
- No.3　质量是一切营销的根本 …… 059
- No.4　优质的服务使消费者成为回头客和传播者 …… 062
- No.5　提高产品的适用性 …… 065

第四章　消费者：我为什么要为你"叫好" …… 069
- No.1　对产品或服务的准确定位 …… 071
- No.2　能够引起客户共鸣的体验 …… 075
- No.3　满足客户的心理需求 …… 078
- No.4　使客户得到最优的价值 …… 081
- No.5　成交不是结束，是优质服务的开始 …… 084
- No.6　及时处理客户的抱怨 …… 088
- No.7　在细节处打动客户 …… 092

第五章　传播：说什么、如何说 …… 097
- No.1　客户体验是传播的依据 …… 099
- No.2　善于制造以消费者为中心的口碑话题 …… 102
- No.3　用免费信息引起消费者注意 …… 106
- No.4　一个事件就是一个口碑 …… 109
- No.5　好故事铸就好口碑 …… 112
- No.6　情感对产品口碑的作用 …… 115
- No.7　打造一个"意见领袖" …… 118
- No.8　让口碑话题不断更新的秘诀 …… 121
- No.9　增加互动活动，提高消费者的参与度 …… 124

第六章　平台：网络时代，口碑通过什么说 …………… 127
　No.1　借用论坛进行口碑营销 ………………………… 129
　No.2　信息时代的微博口碑营销 ……………………… 132
　No.3　大众化的微信口碑营销 ………………………… 135
　No.4　不能忽视的口碑网站力量 ……………………… 139
　No.5　有效利用媒体的传播作用 ……………………… 142
　No.6　利用企业网站直接向消费者进行传播 ………… 145

第七章　误区：避开，这是"雷" …………………………… 149
　No.1　高投放≠高回报 ………………………………… 151
　No.2　虚假信息要不得 ………………………………… 153
　No.3　网络口碑营销的各种因素联系要紧密 ………… 156
　No.4　盲目模仿，适得其反 …………………………… 159
　No.5　"品牌口碑"不能盲目塑造 …………………… 162

第八章　借势：用他人的手托起好口碑 …………………… 165
　No.1　价格借势确立自己的优势 ……………………… 167
　No.2　对比同类产品塑造优势口碑 …………………… 169
　No.3　通过公益活动获得良好口碑 …………………… 172
　No.4　借"名人"之势的口碑效应 …………………… 175
　No.5　客户的好评是好口碑的保证 …………………… 178
　No.6　借用媒体提升口碑效应 ………………………… 181

第九章　扭转：负面效应的神奇力量 ……………………… 185
　No.1　"被污染"的农夫山泉引发的效应 …………… 187
　No.2　把负面口碑的消极影响降到最低 ……………… 190

No. 3 "负面效应"也能制造"正面口碑" ………… 193
No. 4 防患于未然,做好口碑管理………………… 196
No. 5 危机公关:让负面口碑反弹………………… 199
No. 6 口碑营销需要持之以恒的努力……………… 202

第一章

芝麻开门：口碑营销的神奇魔力

很多企业和品牌都在寻找一个成本低廉、效果明显的营销方法让产品得到推广，那么口碑营销将是不二选择。随着网络技术的发展，口碑营销更是借助互联网将要推广的内容像"病毒"一样传播。在这一章中，我们将看到小米、聚美优品、奇虎360、凡客诚品、动感地带和相宜本草利用网络口碑营销而迅速成长为知名的企业。从它们的发展历程中，你将深刻感受到口碑营销的神奇魔力。

No. 1

小米：15亿元销售额背后的口碑营销

在当今中国的手机市场，几乎没人不知道"小米"，这个被称为"中国苹果"的科技公司在短短几年时间就成为中国最火的科技公司。小米产品的每一次发布会都会引起业界和"米粉"的关注。据小米官网的数据显示，在2014年4月8日"米粉节"短短的12小时的活动中，小米官网共接受订单226万单，销售额竟然超过了15亿元。这个惊人数据的背后离不开"米粉"的支持，而赢得支持的关键就在于口碑。

小米的成功有很多的原因，其中一个很重要的原因就是其巧妙地利用了网络口碑营销的方式。

小米在2011年8月16日发布了第一代手机。在此之前，小米就进行了造势。小米在各个主流论坛就小米手机的发售与网民展开了各种互动。其CEO雷军更是把自己的个人影响力发挥到了极致。以前雷军每天只发两三条微博，但是在小米手机发布期间，他不仅利用自己的个人微博高密度地宣传小米手机，还频繁地参与各种论坛、访谈的活动。雷军的朋友们如凡客CEO陈年、优视CEO俞永福、多玩CEO李学凌等商界精英也纷纷出面给小米捧场，这种场面在中国并不多见。也正因为如此，很多网民，特别是陈年、俞永福和李学凌等人的粉丝们对小米手机产生了强烈的好感，不遗余力地向亲友宣传小米手机。通过这一系列的造势，小米手机在发售之前就获得了很好的口碑，引起了广泛的关注（如图1-1）。

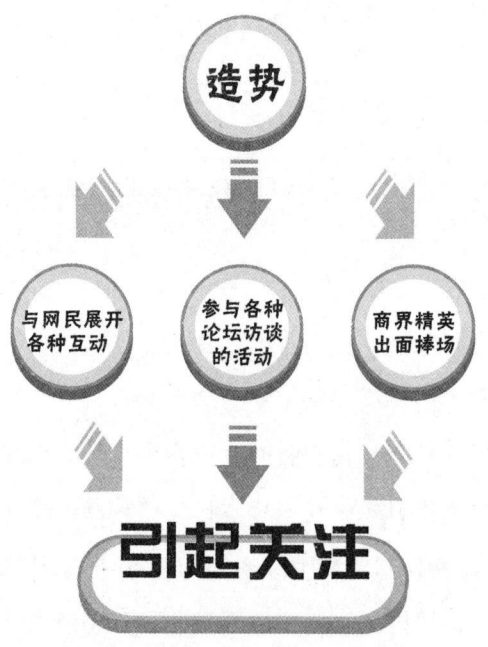

图1-1　小米手机引发广泛关注

在小米手机发布的当天，自称"果粉"的雷军模仿苹果手机的发布方式，简洁风格的PPT和演讲方式，再加上雷军在发布会上刻意模仿乔布斯经典的黑T恤+牛仔裤的穿着，给消费者形成了强烈的心理暗示，不知不觉就让人以为小米和苹果是同一档次的产品。这让很多喜欢苹果手机但是对其价格有所顾忌的人有了新的选择。这些都让小米手机在发售之初就赢得了很好的口碑。

在小米手机发售之后，小米采用更加实用的方式继续自己的口碑营销。

首先，小米借助"米粉"的力量在客户群中进行宣传。由于小米铺天盖地的网络宣传，网民或多或少地都会对小米有一定的认识，而那些忠实的"米粉"更像被病毒感染了一样不遗余力地给小米手机做宣传。经过"米粉"们的介绍，网民更多地了解到小米手机的种种过人之处。网络成为消费者选择产品时最重要的信息来源，网络交流形成一些人，特别是很多正想购买智能手机的消费人群的一种共识，并且交流的人群迅速扩大。这样，小米手机就实现了品牌的输出与推广。

其次，小米手机采用了"苹果式"的饥饿营销。小米采用了线上销售这种方式，而且完全依靠小米科技旗下的B2C网站。这样做不仅能够很好地控制成本，而且能够杜绝假货、吸引年轻人。除此之外，小米科技会在一些固定的日期做限量抢购的活动，达到控制市场的目的。消费者都有着"得不到的就是最好的"心理，于是，为了抢到小米手机，他们会把小米的发售时间奔走相告，这样也会为小米带来很好的口碑传播，使小米的品牌知名度得到提升。

小米手机的口碑营销过程如图1-2所示。

一个产品口碑营销的成功还可以拉动同系列产品的销售。借助小米手机的成功运营和累积起来的客户群体，小米科技又陆续推出了小米平板、小米路由器、小米盒子等一系列电子产品，由于其比较完善的口碑营销机制，这些产品也获得了很好的销量。

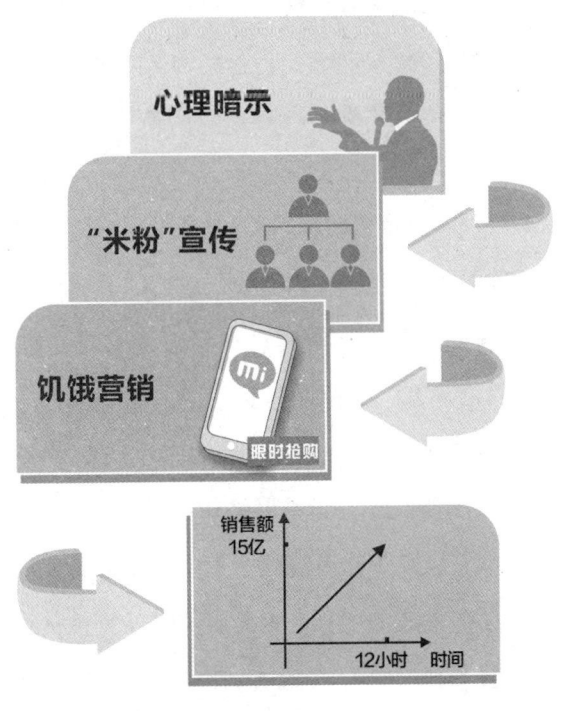

图1-2　小米手机的口碑营销过程

No. 2
聚美优品:"陈欧体"制造的口碑效应

"你只闻到我的香水,却没看到我的汗水;你有你的规则,我有我的选择;你否定我的现在,我决定我的未来;你嘲笑我一无所有,不配去爱,我可怜你总是等待;你可以轻视我们的年轻,我们会证明这是谁的时代。梦想,是注定孤独的旅行,路上少不了质疑和嘲笑,但,那又怎样?哪怕遍体鳞伤,也要活得漂亮。我是陈欧,我为自己代言。"

上面的这段话是聚美优品在2012年的一个电视广告的广告词,由聚美优品的CEO陈欧主演。后来,这几句广告词在网上迅速走红,很多人在这个广告词的基础上对其进行了改编,对自己进行了一番自嘲,网友们把"为自己代言"这种题材称之为"陈欧体"。而"陈欧体"的走红,最大的受益者无疑就是聚美优品。

在"陈欧体"走红网络短短一个月的时间里,陈欧的个人新浪微博的粉丝数量就从100万涨到了154万。聚美优品也随着"陈欧体"的走红而出现了爆发式的增长。据著名的网站流量信息排名网站Alexa的数据显示,聚美优品在一个月之内的访问量由100万成倍地翻番,直至日访问量近400万,每天有20多万个订单。若是把每个订单假设单价为100元来算,聚美优品每天要坐收2 000万元的销售额。这些骄人成绩的背后是"陈欧体"的走红所带来的口碑效应。

"陈欧体"为什么有这么大的魔力？其原因就是，聚美优品利用网络上对"陈欧体"的追捧而进行了一系列的口碑营销活动（如图1-3）。

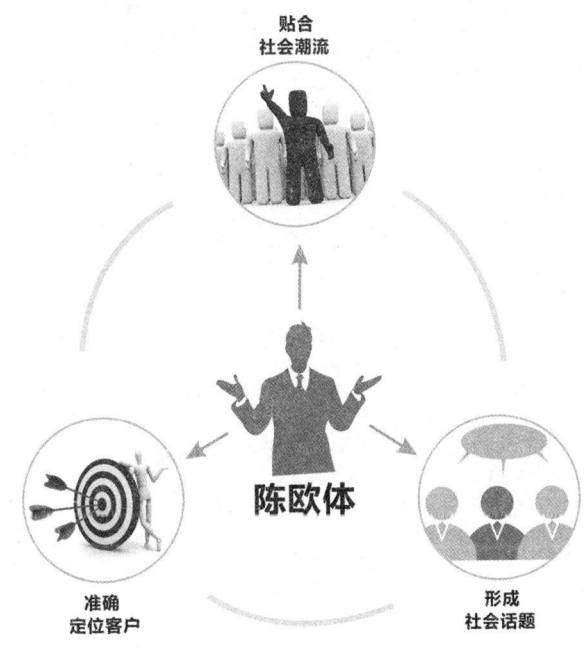

图1-3 "陈欧体"的巨大成功

首先，"陈欧体"的广告词充斥着正能量，正好贴合现在的社会潮流。特别是"你只闻到我的香水，却没看到我的汗水"和"哪怕遍体鳞伤，也要活得漂亮"等句子充满激人向上的正能量，这样就很容易获得更多人的关注，特别是引起化妆品的主要消费者——年轻人的共鸣。同时，朗朗上口的语言风格也很容易为潜在客户所接受。

其次，聚美优品在广告营销上对自己和客户都有一个准确的定位。他们在了解了客户想要什么，自己应该怎么做之后，才开始自己的营销活动。聚美优品是一个化妆品的网络销售平台，年龄过小的还不能大量使用化妆品，而年龄过大的已经不用化妆品或者不习惯网上购物。所以，聚美优品把他们的目标客户群体确定为"80后"和"90后"的年轻消费者。虽然这些年轻人有着一种强烈的追求个性、展现自我的意愿，但是正在奋斗的他们手头往往比较拮据。因此，聚美优品高档品牌的产品、亲民的价格对他们来说无疑有着巨大的吸引力。

与此相对应的是，聚美优品所面向的消费者群体由于正在拼搏而累积了很多的负面情绪需要表达和宣泄，需要正能量来平衡。而通过"陈欧体"，"80后"、"90后"们找到了一种可以发出自己的声音，抒发自己情绪的"表达方式"。在网友们争相模仿"陈欧体"来抒发感情的时候，"聚美优品"和"陈欧"也悄然随着"陈欧体"开始流行。

最后，"陈欧体"成为一个社会话题。很多人在网络上对聚美优品的这个广告进行讨论。有人说陈欧是哗众取宠，有人说陈欧作为 CEO 不务正业，还有人说这个广告针对性很强，很容易引起年轻消费者的共鸣。但是，无论怎么说，聚美优品的曝光度大大增加了，最明显的表现就是聚美优品的访问量和下单量都有了很大的提升。

除此之外，对语言的把控也是聚美优品这次口碑营销的亮点所在。试想，若是聚美优品只是一味地介绍自己网站的一些优点，并空洞地号召消费者到自己的网站进行消费，能取得"陈欧体"如此轰动的效果吗？

从聚美优品的成功可以看出，在进行网络口碑营销的时候，需要对自己和消费群体有一个准确的定位，这样才能够制定详细的营销策略和营销计划。通过整合资源，集中一点进行突破，才能够引起消费者足够的注意，将传统的社会化的口口相传的特点和网络传播相结合才是网络口碑营销的王道。

No.3
奇虎360：靠争论打响自己的口碑

2010年，互联网上最火爆的事情莫过于腾讯与奇虎360之间的那场著名的"3q大战"。在两家"打"得最激烈的时候，腾讯甚至宣布在安装有奇虎360软件的电脑中不能使用腾讯软件，给中国的广大网民造成了很大的不便。虽然当时在国家有关部门和各方面的协调下两者实现了兼容，但是两家公司的大战并未停止，而是转战到了法庭上。直至2013年3月，广东省高级人民法院才做出判决，驳回奇虎公司的全部诉讼请求，"3q大战"才有了一个正式的结局。尽管这次"3q大战"最终结果是奇虎360败诉，还是有很大一部分网民站在了360这边，奇虎360的知名度获得了前所未有的提高。通过这次的事件，也使很多网民看到了奇虎360负责任的一面。所以，"3q大战"最终的结局并不是一个完全两败俱伤的结果。

事实上，这已经不是奇虎360第一次和其他的互联网大腕交恶了。奇虎公司自从2005年成立以来就话题不断。在运营期间，与腾讯、百度、金山、可牛、搜狗、遨游、小米、瑞星等一系列互联网大佬都发生过摩擦（如图1-4）。但也正是在一次又一次的摩擦中，网民们看到了一个不惧权威的公司，一个敢于直言的总裁。奇虎在一次又一次的争论中，逐渐建立了自己的口碑，有了自己的"死忠粉丝"。很多网民都表示自己愿意一直使用360软件。在"3q大战"期间,太平洋网站曾经做过一个投票,结果显示大部分网民支持奇虎360。

图1-4 奇虎360与众多互联网公司引发"3q大战"

在近几年的网络争端中,几乎都可以看到奇虎360的身影。而在奇虎360惹上的众多官司中,它总是败诉。但是,值得注意的是,选择使用360安全卫士的用户却在不断增多。很多消费者认为,奇虎360之所以得罪了这么多的互联网巨头,就是因为奇虎360不愿意向既定的市场规则妥协。所以,他们愿意选择这样一个为了用户敢于得罪巨头的互联网公司来保证自己电脑的安全。

尽管奇虎360没有刻意地给自己做口碑营销,但是不知不觉间,奇虎360的口碑就建立了起来,并经由体验较好的用户向周围的人们宣传,或者在网上把自己的体验表达出来,这样就使很多使用安全软件的网民受到了影响。

在"3q 大战"之后，奇虎 360 的董事长周鸿祎似乎看到了争论给自己的品牌和产品带来的营销好处，于是在接下来的运营中，他又屡次采用和其他互联网公司争论的方式来给自己做口碑营销。

2012 年，奇虎 360 和华为联手推出了"华为闪耀"手机。不出意外，周鸿祎和小米创始人雷军之间又因此而引发了一场激烈的口水战，他炮轰雷军的小米手机"手机并不是 CPU，双核 1G 以上的 CPU 什么 1.2G、1.5G，用户用起来没有差别"。雷军当然也不甘示弱，他让周鸿祎"做一个正常商人，用产品说话"。周鸿祎随后就在自己的个人微博中表示"现在 360 把高配置手机以低价给用户，除了让您很生气之外何罪之有？您可以降价推新品和我们拼配置、拼价格、拼售后服务，通过竞争让用户用上真正的最高性价比手机，这不比您指桑骂槐中伤对手强多了。"

周鸿祎和雷军的口水战让刚刚问世的奇虎 360 "华为闪耀"赚足了眼球，很多消费者在选择手机的时候都会优先考虑奇虎 360 的"华为闪耀"。果然，"华为闪耀"成为该年最畅销的国产机型之一。其实这并不容易，因为 2012 年很多互联网公司如百度、阿里巴巴和网易等巨头都推出了自己的手机。而奇虎 360 的"华为闪耀"能从中脱颖而出，成为那一年的黑马，不得不说就是周鸿祎靠争论打响品牌口碑的结果。

奇虎 360 不是第一个用争论来打响品牌口碑的企业，但却是做得最成功的企业。在奇虎 360 与其他品牌的一次又一次的争论中，网民们看到的不仅是他们争论的问题和结果，更是奇虎 360 敢于打破游戏规则的决心和勇气，还有奇虎 360 产品的可靠。360 安全卫士的免费、360 网络营销模式等这些理念和行动都让奇虎 360 在赚足了眼球的同时也赢得了用户的口碑。凭借着这些口碑，奇虎 360 才有底气和资本与别的互联网公司争论，使自己的品牌得到更好的推广。

争论，甚至矛盾并不一定全是负面的影响，它可以让消费者在不知不觉中建立起对一个品牌的认知度，从而使自己的产品能够很快地获得口碑。在这个信息时代中，一旦一个产品有了好口碑，就会随着互联网使更多人得以接受。因此，争论也是一种打响产品的口碑，做好网络口碑营销的方法。

No. 4
凡客诚品：网络口碑促进消费者下单

在正确利用社会化媒体和网络口碑营销方面，凡客诚品是一个非常成功的例子。通过一系列的网络口碑营销，凡客诚品从刚刚运营时的男式衬衫、POLO衫两大类商品迅速发展为囊括了女装、男装、童装、鞋类、化妆品、家居用品等种类的大型线上B2C网站。根据艾瑞咨询《2009—2010年中国服装网络购物研究报告》数据显示，凡客诚品在自主销售式服装B2C网站中总排名第一。而在所有的B2C网站中，凡客诚品也仅仅是次于京东商城、亚马逊中国和当当网，排名第四。

对于很多的大型B2C网站来说，2007年才创办运营的凡客诚品是十分年轻的。但是，它所取得的成绩却是有目共睹的。在利用多种渠道共同进行营销的同时，网络口碑营销无疑是凡客诚品能在极短的时间里获得如此骄人成绩的最大"功臣"。

凡客诚品的CEO陈年曾经说过："良好的客户体验才能够造就良好的品牌认同。"所以，凡客诚品从客户体验下手，着力于提高客户的体验性。

2009年，凡客诚品启动了大规模的客户体验升级活动。这个活动主要包括三大部分：30天无理由退换货、开箱试穿和全场免运费（见图1-5）。30天无理由退换货是指所买的衣服无论客户穿没穿过、洗没洗过，只要不满意，就可以退换货；开箱试穿是指客户收到凡客诚品的衣服可以当面拆开包装试穿，觉得满意了再付款收货。这两个举措弥补了网购比之实体店购买的缺陷。而全场免运费更是让消费者感受到凡客诚品的诚意。通过这些举措，凡客诚品迅速在以年轻人为主体的消费群体中获得了好口碑。如图1-5所示。

图1-5　凡客诚品为消费者提供了优质服务

有了好口碑，当然要传播、推广，这样才能够让更多的消费者看到凡客诚品的好处，从而愿意购买凡客诚品的产品。于是，凡客诚品开设了自己的微博以及粉丝微博。消费者在体验了凡客的产品之后，可以在微博上分享和互动，这样就能够获得凡客诚品官方提供的礼品和优惠券。同时，各大BBS网站也有了关于凡客诚品的帖子和讨论，凡客诚品由此扩大了宣传空间。通过这一系列的网络口碑营销，凡客诚品在网络上就获得了非常好的口碑传播，培养了消费者对品牌的忠诚度和传播度。

就在凡客诚品快速发展、订单猛增的时候，凡客快递却面临着送货速度的挑战。由于凡客诚品的衣服从成衣到销售，再到配送全是自己包办，凡客快递在订单猛增的时候就出现了速度过慢的情况，很多消费者因此而给了凡客诚品差评。更危险的是，这种言论迅速在网上传播开来。陈年知道后，不仅及时把邮件抄送给公司管理层，让公司引以为戒，而且亲自在网站上登载对消费者的道歉信。这种负责任的态度得到了很多消费者的理解和信任，也为凡客诚品修正了不好的口碑。

凡客诚品的网络口碑营销远不止于此。凡客诚品还十分注重与消费者的互动，这样更加有利于提高消费者对凡客诚品的认知度和忠诚度。2013年9月，凡客诚品举办了一场"T恤图案设计大赛"，这已经不是第一次了，每次大赛都会激起很多消费者极大的热情。而对于凡客诚品的形象代言人的选择，凡客诚品也把选择权交给了消费者。从韩寒、王珞丹到后来的黄晓明、李宇春。凡客诚品的形象代言人都是由消费者投票选出，这些都让凡客诚品的消费者感觉受到了极大的尊重，于是愿意购买凡客、宣传凡客。

"这些都是用户给予的。我们何德何能？我哪能狂到我定凡客的时候，就想到凡客是一个群体？"面对凡客诚品的成功，陈年这样说道。这是一种谦虚、一种尊重。就是这种对客户的足够尊重，让凡客诚品聚集了3 000万的庞大用户群和80%的二次购买"粉丝"，更重要的是赢得了让对手望洋兴叹的口碑。

No. 5

动感地带：好音乐带来好口碑

2001年，中国移动推出了除"神州行""全球通"之外的第三个通信品牌"动感地带"。这一次，中国移动把目光投向了追赶时尚但是腰包还不够鼓的年轻手机用户。针对他们的特殊性，动感地带利用音乐这一传播途径逐渐占领了年轻人的通信市场，获得了良好的口碑。

首先，动感地带邀请了在中国最受欢迎的歌手周杰伦作为自己的品牌代言人，并且邀请他为动感地带创作广告曲《我的地盘》。凭借周杰伦的超高人气和《我的地盘》朗朗上口的旋律，动感地带迅速成为年轻人追捧的通信品牌。除此之外，动感地带还开通了特殊的端口让客户能够免费下载音乐，让用户能够在第一时间下载到自己想听的音乐。

其次，动感地带做到了与时俱进。2008年是动感地带发展最快的一年，作为2008年北京奥运会的赞助商，中国移动旗下的动感地带凭借"用音乐为奥运加油"的口号博得了全世界的眼球。2008年5月1日，在周杰伦的动感地带演唱会上，这位代言人带领全场的"粉丝"一起跟着音乐做起了"奥运加油操"。与周杰伦一样，动感地带的其他几个形象代言人潘玮柏、S.H.E等也利用自己的音乐"为奥运加油"，并带头做这种"奥运加油操"。这种传递正能量的行为赢得了年轻人的赞同和欣赏，他们纷纷通过各种渠道来传播几位人气偶像的音乐和图片。于是，动感地带的口碑借助几位明星的人气得到了最大限度的推广。

2008年6月,动感地带又推出了"动感加油团"的活动。借助中国移动奥运赞助商的优势,动感地带举办的多场以奥运为主题的活动都得到了消费者的大力支持。接着,很多网友原创的恶搞、改编的助威歌曲也借助音频、帖子、微播、QQ空间等形式开始大范围地扩散。动感地带代言人的"粉丝"再次成为这次网络口碑营销的主力宣传者,他们通过各种途径传播自己偶像的奥运歌曲,并号召网友下载这些音乐(如图1-6)。

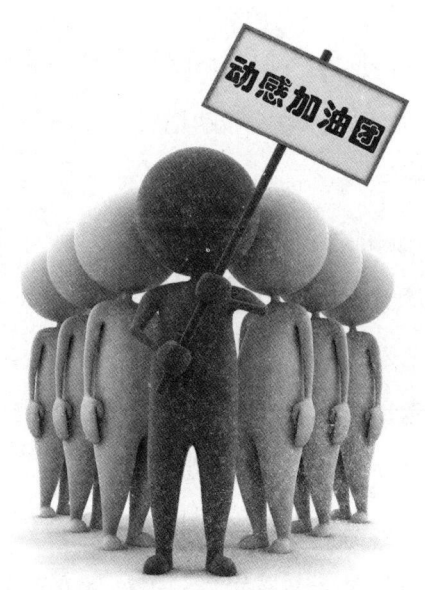

图1-6 动感地带的"动感加油团"活动

最后,动感地带把握住了消费者的心理,迎合消费者的口味,并以此在消费者的心中树立起很好的口碑。比如,使用动感地带的用户可以定制自己喜欢的音乐榜单,并随时更新,等等。这些个性化的服务使动感地带获得更多年轻人的青睐,在很多地方甚至产生了"M-ZONE文化"。不断更新变化的信息服务和更加灵活多变的沟通方式,演绎移动通信领域的

"新文化运动"。此外,动感地带先后与麦当劳、NIKE、NBA 合作举办一系列的活动,这些活动使得动感地带从一个通信品牌升华为时尚品牌。

据 2010 年搜狐 IT 曝光的一份中国移动内部文件显示,中国移动在全国校园渠道的覆盖率已经高达 91%。截止到 2010 年 11 月,动感地带的用户总数高达 1.4 亿个。这是一个惊人的数字,要知道当时中国联通 GSM 总用户也不过 1.52 亿个。通过不断地积累用户群,动感地带获得了巨大的成功。

从动感地带进行网络口碑营销的整个过程可以看出,动感地带主要是通过三个方面来进行口碑营销:一是利用音乐这一共同的语言,适时、与时俱进和正确迎合消费者的口味。对于年轻人来说,音乐是必不可少的。二是与时俱进可以增加消费群体对品牌的认知程度。三是对消费者口味的迎合则提高了消费者对品牌和产品的忠诚度。在赢得消费者口碑的同时,作为本身就是通讯运营商的中国移动来说,通过互联网来传播自己的品牌口碑自然是不在话下(如图 1-7)。

图 1-7 动感地带获得成功的原因

美国品牌大师大卫·艾格（David Baker）曾经说过："品牌就是产品。"好的产品自然就能产生优秀的品牌，而有广泛认知度的品牌也必然是有好的产品支撑。人的思维是发散性的，当使用一个好产品的时候，自然就会注意到这个产品的品牌，在对其他关联产品有需求的时候自然还会选择这个品牌，并且还会向身边的人宣传这个品牌。而动感地带就抓住了这个心理，以音乐为媒介让消费者认识了自己的品牌，并接受了这个品牌，然后通过各种途径向亲友宣传，最终使动感地带的品牌形象深入人心。

No. 6

相宜本草：正确利用社交网络

著名的市场研究公司 Jupiter Research 调查显示：77%的网民在线购买商品的时候，都会把其他人对产品的评论作为自己的购买参考依据；同时，超过90%的大公司相信，其他用户的推荐意见在决定自己是否购买的因素中扮演着非常重要的角色。而相宜本草，一个本来毫不起眼的国产化妆品品牌就是通过各种社交网络，逐渐建立起自己品牌的口碑，最终成为国产化妆品品牌中的佼佼者。截止到2011年9月，相宜本草在直销渠道的护肤品市场中的份额为7.8%，仅次于玉兰油的13.3%，排名第二。

相宜本草品牌早在1999年就创建了，尽管产品拥有良好的品质和口碑，但是无奈相对于竞争对手欧莱雅、玉兰油、旁氏等化妆品品牌铺天盖地的广告宣传来说，了解该品牌的消费者一直较少。相宜本草曾经做过一项调查，在上海地区相宜本草的美誉度高达70分，而知名度只有30分。也就是说，相宜本草的产品和其他品牌的产品相比是不落下风的，只是营销做得还远远不够，很多消费者还不知道这个品牌。在综合了各个方面的因素之后，相宜本草决定采用网络社区口碑营销的策略来推广自己的品牌。

相宜本草在经过多方咨询和仔细权衡之后，选择了唯伊网作为传播载体和传播中心。唯伊网是一个国内的化妆品口碑社区，很多消费者在使用了一些新的化妆品品牌之后在唯伊网分享自己的使用体验。相宜本草在唯伊网上的口碑营销主要可以分为五个环节。

第一个环节就是免费申请品牌试用装。在利益的驱动下，很多的消费者愿意尝试免费的相宜本草的产品。通过这个环节，相宜本草可以在消费者中打响自己的品牌。接着是第二个环节，收集申请者的资料，在试用者进行产品试用期间，相宜本草又为试用者寄去了会员杂志，很多试用者都觉得相宜本草很贴心。第三个环节就是利用各个社交网络对此次活动进行传播。除了唯伊网之外，百度贴吧等很多论坛、网站都对这次活动进行了宣传。第四个环节是以奖品为诱饵让用户分享试用产品后的体验，而分享体验的过程也就是对相宜本草品牌推广的过程。在这个环节中，相宜本草的品牌传播达到了高潮，很多人都是从这个环节中知道了相宜本草这个品牌。最后一个环节就是为试用达人Blog推荐，让相宜本草的口碑得到进一步的传播。至此，相宜本草的网络口碑营销有了一个完美的收尾（如图1-8）。

在这个活动之后，相宜本草的知名度和品牌影响力得到了极大的提升。其中，相宜本草巧妙地利用消费者的互惠心理和利益驱动是很关

图1-8 相宜本草的网络口碑营销过程

键的。

俗话说:"天下没有免费的午餐。"试用者在用了相宜本草的免费试用产品后,自然要为其美言几句,更何况相宜本草产品的效果确实也不错。相宜本草本身的品牌美誉度就相当高,更何况它给消费者的试用产品都是相宜本草的明星产品。而利益驱动也是这些试用者在体验了相宜本草产品之后愿意为其做宣传的一个重要原因,相宜本草会为分享体验的试用者提供很优厚的奖品。

而相宜本草对消费群体的定位也十分重要。在这次活动中,参加试用的大部分是一些年轻消费者,他们愿意尝试新鲜的东西并且活跃于网络社区。试想,要是换作香奈儿、雅诗兰黛这些品牌的话就绝不会有这样的效果。因为香奈儿和雅诗兰黛的客户群都是比较高端的女士,她们不会把大把的时间用在网络社区中,也绝不可能去尝试一个在当时只是国产而且并不出名的品牌。

此外，在这次活动中，相宜本草首先在唯伊网——一个自身规模与传播面积还很有限的网站中发起活动，以最快的速度引起目标消费者的关注，然后才通过其他各大知名网络社区进行宣传和渗透。也就是说，若是这次活动没有获得预期的成功，甚至失败，相宜本草也能够及时把负面效应控制在一个很小的范围内。

网络社区是每个人都可以畅所欲言的网络平台，同时也是一个品牌想要进行网络口碑营销的一个重要工具。通过这个工具，企业就可以通过网络的媒介进行口碑营销，使自己的品牌和产品得到很好的推广和普及，最终得到消费者的认可。

第二章

网络口碑:"多米诺"的源头

在信息时代,信息快速传播,这也使"网络口碑"成为口碑营销的第一张骨牌。把网络口碑做好,并迅速把这好的效果传递给下一个营销环节,无疑有助于品牌形象的整体推进。

网络口碑营销的形成

苹果、三星、脸谱网……是什么让这些公司炙手可热？答案就是网络口碑营销。

所谓网络口碑营销（Internet Word of Mouth Marketing，IWOM），严格意义上可以把它定义为传统的口碑营销和现代的网络营销的结合体。它综合了网络营销和口碑营销的优点，更为现代人所接受。这种营销方式传播速度快、成本低，几乎适用于所有的产品，深受很多品牌和企业的青睐（如图2-1）。接下来，我们从网络营销和口碑营销两个方面对网络口碑营销进行解读。

1. 网络营销

互联网已经成为人们生活中一个重要的组成部分。作为现代人最常用的获取信息的途径之一，互联网已经成为一个非常成熟的营销平台。由于互联网的即时性和传播范围广，网络营销已经成为很多企业和品牌首选的营销手段，并取得了很好的效果。

2013年，可口可乐公司推出了"分享这瓶可口可乐，与你的＿＿＿＿＿"活动。与此同时，可口可乐在其瓶身上印上各种网络昵称，像白富美、高富帅、邻家女孩、大咖、纯爷们儿、有为青年、文艺青年、小萝莉、天然呆，等等。这种可乐被称为"昵称瓶可乐"。这些迎合了中国网络文化的昵称瓶可乐很快就成为众多网民追捧的产品，几乎所有可口可乐的消费者都开始去寻找属于自己的那瓶可乐。

这就是网络营销的典型例子。可口可乐公司先在网上造势，举办活动，然后再在产品的瓶身上印上有网络色彩的昵称，这样就很自然地把线上和线下结合在一起。结果可想而知，这次的网络营销获得了很多网友的追捧，最终获得了成功。

2. 口碑营销

口碑营销是一种很传统的营销方式，是指企业通过口口相传的方式将自己的产品信息或者品牌传播开来。

随着互联网的发展，口碑营销的传播和路径有了新的变化，这就赋予了口碑营销新的意义。

口碑营销拥有很强大的力量。据调查，六成以上的消费者在购买商品的时候更加倾向于亲朋好友的介绍。消费者的收入越高、学历越高就越注重产品品牌信息的交流。

口碑营销是一种虽然传统，但是成本极低，效果极好的营销手段。如今，各种广告的甜言蜜语已经逐渐丧失了它的蛊惑力，理性消费的呼声越来越高。在这种背景之下，口碑营销就变得更加有价值且更加重要。

网络营销和口碑营销有机结合，形成了一种新型的营销方式——网络口碑营销。通过这种营销方式，每个人都可以利用互联网来分享自己的产品体验和品牌体验。在原来只能把信息传播给认识的人的基础上,互联网使得口碑传播范围涵盖所有认识的人和不认识的人。

需要注意的是,网络口碑营销还是一把双刃剑。优秀的产品体验所产生的良好的口碑可以快速地传播,同样糟糕的产品口碑也能够随着网络快速地传播。所以,企业和产品进行网络口碑营销的时候,一定要谨慎。

图2-1 网络口碑营销就是网络营销和口碑营销的结合体

No. 2
网络口碑的四大法则

据统计,绝大多数的网民都是年轻人,他们的自主性较强且追求个性。在信息泛滥的网络中,只有有趣且符合他们个性追求的信息,才能被传播。所以,若想让自己的口碑营销能够吸引网友的眼球,并且愿意传播下去,就需要遵循网络口碑营销的四大法则(如图2-2)。

图2-2 网络口碑营销的四大法则

1. 要有趣，有新意

网络上的各种信息非常多，若是没有意思的信息很快就会被网友忽略。所以，在做网络口碑营销的时候，一定要有趣、有自己的特色，这样才能吸引到网友，他们才会愿意接受这个信息，而且愿意分享信息，让更多人知道这个信息。

法国通讯商 Orange 集团决定赞助 UK Glastonbury Music Festival 音乐节日。Orange 想借助这次的赞助做一次网络口碑营销。由于这次的音乐节是在农村举办的，赞助商决定由一头叫作 Derek 的牛来决定最终获胜者，网民可以随时通过 GPS 定位系统从网上看到这头牛在干什么。赞助商发起了一个活动，就是参加者需要猜测次日下午 3 点的时候 Derek 在干什么，只有猜对的网民才可以得到音乐节的门票。

很多人都被这个有意思的活动吸引了。许多网民，甚至名人都利用博客来传播这个有趣的事情，后来甚至还上了电视新闻，造成很大的轰动。

Orange 公司这次网络口碑营销抓住了有新意、有创意的法则，最终成功吸引了很多的眼球，公司不仅增加了曝光度，还建立起了自己的品牌口碑。

2. 要让人开心

开心的消费者是最好的宣传员，通过他们，就可以让更多的人认识到自己的产品和品牌，从而愿意体验自己的产品。

那么怎样才能够让消费者觉得开心呢？最好的方法就是让消费者获得很好的体验。比如DHC化妆品曾经在网上推出免费试用的活动，通过那些试用者的试用体验逐渐建立起良好的口碑，从而使DHC化妆品获得了很大的好处。

3. 赢得信任和尊敬

受人信任和尊敬的品牌自然就会有很好的口碑，这也考验着企业和品牌的责任感。只有做事正派，讲究道德，一切以消费者为中心，才能够获得消费者的信任和尊重。只知道鼓吹自己的产品，没有良好的客户体验，根本就不可能获得消费者的信任和尊敬。

不仅如此，没有获得消费者信任和尊敬的企业和品牌还有可能获得负面的口碑，这样的口碑依然可以在网络上病毒式的传播，给企业和品牌造成很大的危机。因此，赢得消费者的信任和尊重是网络口碑营销中非常重要的一点。

4. 内容简单

大部分的网民都是年轻人，年轻人比较乐衷于快餐文化。若是宣传的信息太过冗长，就很容易使消费者失去兴趣。所以，在做口碑营销的过程中，内容必须要简单、明了，这样才能够让消费者在丧失兴趣以前就接收到有用的信息，并愿意传播这个信息。

中国保健品的领头羊"脑白金"是大家耳熟能详的大品牌，那句"今年过节不收礼，收礼只收脑白金"的广告词更是无人不知。2013年，脑白金在四大数字营销平台推出了"脑白金体"的活动，号召网民对这句简单的广告语进行改编。由于这个活动内容简单，广告词又被人们所熟知，所以活动上线的首日便吸引了10万网民的热捧，当天活动整体曝光超过了1 000万人次，很快成为当时最火热的网络活动。通过这次活动，人们对脑白金的品牌有了新的认识，很多网友都觉得脑白金接地气、充满民生温度。

在这个例子中，脑白金所举办的活动一目了然，有趣且简单，所以无数的网民愿意成为这次活动的传播者。脑白金的这个营销案例充分证明了简单的内容对整个网络口碑营销的重要作用。

进行网络口碑营销一定要紧紧抓住这四大原则，只有这样才会获得网民的兴趣和支持，从而使之自愿成为网络口碑的传播者，使网络口碑营销获得很好的传播效果。

No. 3 网络口碑传播平台

遵循了网络口碑营销四大法则之后，网络口碑就可以更加顺利地进行传播。但是，不是说网络口碑只要优秀就可以被快速地传播，它还需要有一个很好的平台对网络口碑进行传播。

网络平台的选择对网络口碑的传播非常重要，只有在一个正确的平台上，网络口碑才会产生并快速传播。而对于不同的商品来说，网络口碑传播的平台分为三类（如图2-3）。

图2-3 网络口碑营销的三大平台

1. 各种BBS类网站

各种BBS网站如天涯、猫扑和百度贴吧一直是网民们热衷的网站，也是产品进行网络口碑营销的最佳平台之一。据统计，有80%以上的网民曾经关注过这类BBS网站。所以一般的网络口碑营销都会选择BBS网站。

《那些年，我们一起追过的女孩》（以下简称《那些年》）是近年来最受追捧的电影之一。但是，由于该电影是在我国台湾拍摄，演员全是台湾演员，同时是在台湾首映，所以大陆的影迷们不能在第一时间看到这部电影，从而降低了该影片在大陆的影响力。但是，随着一些台湾网友在百度贴吧、天涯社区等网站上对一些剧照、台词的曝光，《那些年》在大陆也受到了很多网友的追捧。电影还没在大陆上映，已经成为网络上的热门话题。

2012年1月，《那些年》在大陆上映，立即成为当时最热门的电影，票房在短短7天内就突破了5 000万元人民币。同时，这部电影成功地超越了《海角七号》成为在大陆最卖座的台湾电影。

2. 微信、微博、qq 等社交工具

对于很多的网民来说，每天把自己的生活和感悟分享到朋友圈和微博已经成为一种习惯。有很多人被称为"微博控""空间控"，正说明了这些网络社交工具的重要性。所以，作为使用率非常高的网络平台，这些社交工具的网络口碑营销是非常重要的。

2010年9月28日，新浪微博一则主题为"元洲寻找国庆、网友抢沙发、盖微博第一高楼"的博文受到广大网友的追捧。该微博的"粉丝"不到一天就突破了1 000人。其实，这是元洲装饰公司做的一次微博口碑营销。为了迎合2010年的国庆节，元洲公司寻找61名叫作"国庆"的人，而转发这条微博并回复评论的第5 000、8 000和10 000名的用户就会获得"波适"沙发和6 000元的抵用券。

截止到2010年的10月10日，元洲装饰公司北京分公司官方微博的"粉丝"数已经高达17 000余人，而参与这次活动的网友超过3万人，影响了近100万名用户。

通过微博，元洲装饰公司成功地进行了一次网络口碑营销。人们通过

参加这次活动而认识了元洲装饰公司。元洲公司的知名度直线上升，成为当时的网络热搜词。

3. 专业网站的评测

这种平台主要针对那些比较理性的消费者，他们不愿意相信网络中比较热门的信息，而更加倾向于相信一些比较专业的评测网站上的用户体验。因此，在评测网站上同样可以产生良好的口碑。

需要注意的是，适用于专业网站评测的商品有一定的局限性，一般来说就是数码类和化妆品类。这些产品的评测网站比较多，特别是数码类产品，很多网站如中关村在线、手机中国等网站甚至推出了关于热门手机的评测节目。一款好的产品通过这些评测网站产生口碑往往能够赢得更多消费者的信任。

通过以上三种平台，网络口碑营销能够很好地展开，并取得一定的效果。但是，不同的产品需要针对各自的特点，确定目标客户群，进而选择不同的网络平台，这样才能让口碑得到更好的传播。

No. 4

网络口碑的参与者

一个品牌或者企业要做一次成功的网络口碑营销，除了要选择一个正确的网络平台，还需要有各种参与者的积极参与。网络口碑的参与者创造并传播了口碑,是网络口碑营销中不可忽视的重要组成部分。

从作用上来说,可以把网络口碑营销的参与者分为五种类型(如图2-4)。

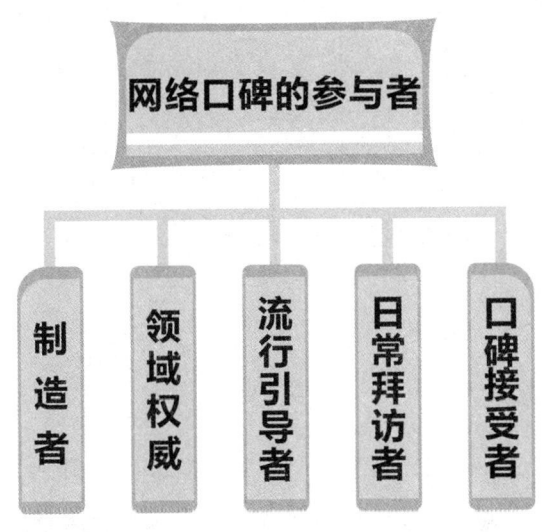

图2-4 口碑营销参与者的五种类型

1. 制造者

这种参与者是网络口碑营销中最重要的一种,他们创造了网络口碑。他们可以是产品的使用者和体验者,他们将自身良好的体验放在各种网络平台上与网民分享。这样的人多了就会在网络上形成一种集体共识,这种共识也就是产品或品牌的网络口碑。

有时候企业可能会在某个网络平台自己给自己做一些推广,这并不能称为口碑,充其量只能够称为广告。因为口碑是在消费者之中产生的,也就是说,只有消费者才能成为网络口碑的创造者。

2. 领域权威

这里说的领域权威不一定就是指那些比较专业的专家学者，而是指在一定的领域内有一些话语权威的人。领域权威可以让口碑更加具有权威性和说服力。他们是舆论的领导者，因此，领域权威在网络口碑营销的参与者中也有着重要的意义。

一些名人在一定程度上也可以算得上是领域权威。比如有的人喜欢某明星，那么某明星推荐的产品他就会追捧。这也是很多企业喜欢请一些名人做广告的原因。

2014年3月，全国政协委员、中国工商银行前行长杨凯生自曝自己和太太经常使用阿里巴巴公司推出的理财产品——余额宝。杨凯生认为，余额宝对于新时代的网络理财有着很积极的意义。这条新闻在互联网上传播得很快，由于杨凯生是金融界的绝对权威，很多网民在看到这条消息之后都选择了用余额宝来理财。

在这个案例中，杨凯生就充当了领域权威的角色，并影响了很多网民。网民们觉得连中国工商银行的领导者都在用余额宝，说明余额宝一定是一个很好的理财方向。这就是领域权威在网络口碑营销中的作用。

3. 流行引导者

在网络口碑形成之后，将会有一部分网民最早接触并接受这个产品的良好口碑，然后利用各种网络渠道进行传播。这类网民就是流行引导者。

流行引导者非常乐意接受一些新的理念和产品，他们敢于尝试，是网络口碑最早的传播者。在很大程度上,流行引导者是整个网络舆论基调的引导者,所以,这种参与者的存在是很有必要的。

4. 日常访问者

在网络口碑营销的参与者之中,日常访问者是人数最多的,他们是网络口碑最主要的传播者。在网络口碑形成之后,日常访问者能够接受网络口碑并且对网络口碑进行传播。他们也许并没有像上面的三类参与者那样庞大的网络影响力,但是他们能够对网络口碑进行最大范围的传播,是网络口碑营销过程中的主力军,其地位不容小觑。

"《小时代》电影""郭敬明"几乎成为2013年和2014年中国娱乐圈最受瞩目的名词。不管你喜不喜欢他们,《小时代》正在疯狂地破着记录。在《小时代》系列电影的第一部上映之后仅三天,其票房就超过了2亿元,追平了好莱坞大片《变形金刚3》。这骄人成绩的背后则是郭敬明和他团队成功的网络口碑营销。

在《小时代》还没有上映以前,出品方乐视影业和郭敬明的团队就以"著名作家郭敬明首次做导演"为噱头进行宣传。这吸引了很多郭敬明"路人粉"和电影爱好者的眼球,他们从网上得知这个消息之后再转载到自己的微博、qq空间等网络社交工具使更多人知道了这件事。于是《小时代》还未上映就成为当时最卖座的电影之一。

在这个网络口碑营销当中,最重要的参与者毫无疑问就是日常访问者。他们并不是网络口碑的制造者,但却是网络口碑最大的传播者。通过不断地转载和分享,使网络口碑能够在互联网上呈几何级扩散。

5. 口碑接受者

这类参与者可以说是网络口碑营销中的受影响者。在《小时代》的案例中，电影上映以后，很多人接受了《小时代》的口碑，并且愿意花钱去看这部电影，那么他们就是口碑的接受者。

做网络口碑营销的最终目的还是让自己的产品能够有很好的销量，从而从中获得利润。而口碑接受者就是口碑营销中的最终消费者，因此，口碑接受者的数量在很大程度上也成为该次口碑营销是否成功的一个标准。

No. 5
网络口碑传播的内容

美国有一家叫作"Flying Pie"的比萨店。它的官网做得很烂，字体大小不一，让人看得眼花缭乱，但是，这家比萨店通过推出的一个网络营销方案，使城里的每一个人都知道了它。

这个网络营销方案叫作"It's Your Day"，内容就是Flying Pie每天都会在网上公布一个"名字"。比如今天是"Jone"，明天是"Lee"。他们会邀请五位叫这个名字的人在当天的下午2点至4点或者晚上8点至10点到他们店里的厨房免费制作自己的比萨，同时还可以拍一张照片发到网上去。

而名字的选择权，Flying Pie则交给了网友投票，他们会把得票最高者作为下一周的名字。其目的就是吸引更多的网友邀请自己的亲友来参加活动。通过人传人,很快这家比萨店的名声就传了出去,成为那个城市中最出名的快餐店。其实,Flying Pie每天只让5个人参加活动,由于大家都很忙,真正来的人其实很少。但是,这并不妨碍人们互相传播"Flying Pie"。

Flying Pie通过新颖的营销内容做成了一次非常成功的网络口碑营销,使比萨店的知名度获得很大的提升。这说明,一次成功的网络口碑营销必须要有能够吸引人的内容才行。那么,怎样做才能让自己的口碑营销的内容吸引人呢?要从以下几点做起(如图2-5)。

图2-5 网络口碑营销的传播内容具备的特点

首先,内容要有一定的针对性,这样才能准确地把握客户。比如一家化妆品公司,它的产品定位是年轻的女性白领,那么它就要从这些女性白领的心理出发,了解她们的喜好和生活习惯,从中找到她们感兴趣的地方,然后以此来策划网络口碑营销的内容。

其次，内容一定要简单。由于现在的网民多是喜欢快餐文化，所以冗长的内容只会让人感到烦躁，从而对此失去兴趣。比如著名的"贾君鹏事件"，总体就一句话："贾君鹏，你妈喊你回家吃饭！"但是这一句话就产生了轰动的效应，成为当时最流行的网络事件。

再次，网络口碑营销的内容还应该有创新性。网民一般都是以年轻人为主，而年轻人讲究时尚并有一定的猎奇心理。网络口碑营销就应该与时俱进，抓住网民的猎奇心理，用一些创新的内容去吸引网民。

2009年，一个叫作"彪悍的小y"的名字爆红于整个网络。他在短短两天的时间里抢占了天涯论坛3 000个沙发，在天涯的单网点击超过1 300万次，网友回复超过17 000楼。"彪悍的小y"事件甚至使《新闻晨报》《南方周末》等主流媒体都对其进行了报道。

很多人认为"彪悍的小y"是一个人，做了很了不起的事，其实，这是联想ideapad Y450产品所做的一次网络口碑营销。"彪悍的小y"巧妙地利用抢沙发和逢帖必回等社区文化及网络精神对产品进行推广，这种"彪悍"的行为和其产品的强悍性能高度契合，收到了很好的效果。网民们在惊讶于"彪悍的小y"的疯狂行为的同时，也记住了联想ideapad Y450笔记本电脑。

联想利用"彪悍的小y"在天涯社区进行了一系列"彪悍"的行为，博得了网民的眼球，笔记本电脑拟人化的创新内容也获得了网友的追捧。最终，网友们记住了那个疯狂的"彪悍的小y"的同时，也记住了联想的ideapad Y450产品。

最后，网络口碑营销的内容还必须符合实际，不能为博人眼球就夸大自己。随着互联网的发展,网民也越来越理智,若是某些品牌为了博人眼球而发布一些夸张失实的内容,很容易让网民觉得反感,甚至会产生负面口碑。这绝不是企业想看到的。

网络口碑营销的可信性与有效性

虽然互联网为口碑营销带来了新的机遇,使网络口碑营销的影响力扩大化,但是正如"电话代替不了握手"一样,网络的虚无感往往使人们之间更加缺乏亲切与信任。

当一个企业为了营销利益而刻意夸大自己的产品的时候,就会遭到网友的抵制。这是一个很严重的后果,因为负面口碑造成的伤害远比获得的好处更大。俗话说"好事不出门,坏事传千里",一个负面的口碑营销会直接影响消费者对产品的选择,因此,网络口碑营销必须拥有一定的可信性。

由于现在空气污染严重,冬天的时候甚至会出现雾霾天气。于是,空气净化器受到越来越多的人的青睐,很多消费者甚至不惜花费几千元来购买一个空气净化器。某知名网上商城推出了一款国际知名品牌生产的空气净化器。在推广时,卖家声称此净化器能够"99%高效去除PM2.5"、"甲醛净化率高达 99%"。

但是，在上海市消费者权益保护委员会公布的"空气净化器比较实验结果通报"中却显示，该产品不仅 PM2.5 净化率没有超过 99%，更为夸张的是甲醛的净化率还不到 20%。于是，愤怒的消费者纷纷在自己的个人微博和 qq 空间中转载了这个新闻，在各种 BBS 网站中甚至出现了抵制此品牌产品的帖子，这些信息的传播导致了该品牌的其他产品也受到了很大的冲击。

这就是产品在做网络口碑营销的时候失去了可信性所造成的后果。若是该品牌在做网络口碑营销的时候给自己的产品做一个正确的描述，也许就不会出现这种情况了。

当然，在网络口碑营销中，除了要强调产品的可信性之外，口碑营销的有效性同样应引起企业的重视。什么是有效性？有效性就是完成的口碑营销和达到策划结果的程度。

具体来说，就是要使用何种方法使网络口碑营销能够达到最好的效果。网络口碑的有效性需要从营销内容、营销方式和即时传播等方面去体现。只有这些方面都做到了位，才算是有效的网络口碑营销。

对于很多的年轻白领来说，微信是他们最重要的社交平台之一。2012 年 9 月，深受年轻白领喜爱的星巴克在其微信中推出了"自然醒"的活动。只要微信用户加"星巴克中国"为好友，只需发送一个表情符号，星巴克就立即回复你的心情并根据你的心情发送《自然醒》音乐专辑，让用户听到最适合自己的曲目。这个活动一经推出就受到了很多星巴克"粉丝"和微信用户的青睐，他们在微博、朋友圈中大力地推荐和分享（如图 2-6）。

图2-6 星巴克的"自然醒"活动获得消费者青睐

在这个案例中,除了要对星巴克的创意表示赞赏之外,星巴克这次口碑营销的有效性更是值得其他企业学习。在这次网络口碑营销中,星巴克的创意通过微信这一平台高效地使很多网民接受了口碑信息,使整个营销活动更具效率,这就是有效性的体现。

在企业进行网络口碑营销的时候,可信性和有效性是最受消费者关注的事情,同时它们也是网民是否关注网络口碑营销的前提。若企业在进行网络口碑营销的时候并没有注意到可信性和有效性,绝对不会获得很好的效果,甚至还会造成网民对营销信息的反感,最终沦为网络垃圾。

可信性和有效性体现了企业对消费者的尊重,消费者只有感到自己受到了尊重,才能对这个企业、这个产品具有好感,才会愿意体验这个产品并成为该产品的天然宣传员。

No. 7
主动创造良好的口碑效应

良好的口碑是在令消费者满意的产品体验中形成的,但是要想让口碑更有影响力、更具传播潜力,就需要企业主动去创造。而创造良好的口碑效应,需要从五个方面入手(如图2-7)。

1. 过硬的质量

产品的质量是消费者最关心的问题。质量过关的产品会给消费者带来很好的产品体验,这时候,只要有购买需求,消费者就会购买该产品。所以,产品质量是提高网络口碑非常重要的一个方面。

韩国的知名化妆品品牌vinistyle(薇妮)在2009年登陆中国市场,为了让品牌在最短的时间内被消费者所认可,该化妆品公司在自己的官网上推出了免费试用的活动。短短20天的时间,申

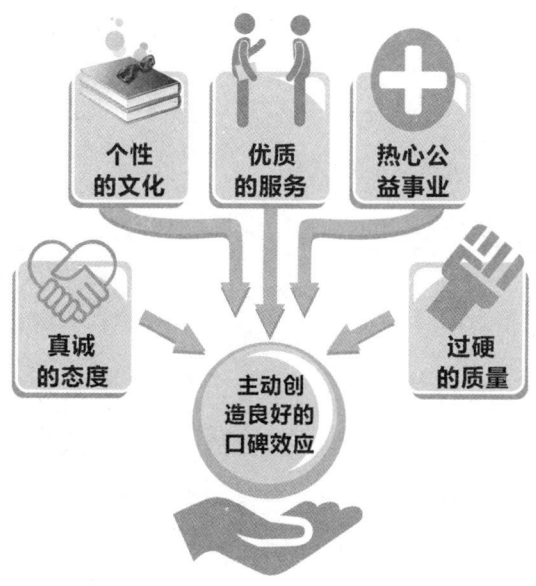

图 2-7　企业应从五方面创造口碑效应

请试用的人数就超过了 2 万人，其官网每天有多达 3 000 人次以上的访问量。最重要的是，由于 vinistyle 的产品质量过硬，消费者的体验很好，他们在使用之后纷纷在网上做出好评，并通过各种网络渠道分享自己的体验。很快，vinistyle 就占领了一定的市场份额。

正是由于 vinistyle 的质量过硬，才能在网络口碑营销的过程中使品牌的影响力不断扩大，最终形成很好的口碑效应。可见，只有产品拥有过硬的质量，才能创造更好的口碑效应。

2. 优质的服务

优质的服务同样对企业创造良好的口碑效应起着很重要的作用。良好的网络口碑的形成是需要一个过程的，优质的服务正是使这个过程朝着一个正确的方向快速前进。

优质的服务不仅可以使良好的口碑形成多米诺骨牌效应，而且可以增加用户的忠诚度，使口碑效应最大化。

3. 真诚的态度

随着物质生活的提高，很多人已经不满足于优质产品质量和各种服务了，他们还需要情感方面的附加价值，而只有真诚的态度才能使消费者的情感得到充分满足。在网络口碑营销中，真诚的态度不仅能让自己的产品吸引更多的消费者，还能在消费者之间积累人气，使其主动传播口碑。

4. 个性的文化

以产品或者企业的文化赢得消费者口碑也是一个主动创造网络口碑的好办法。今天，当消费者遇到产品的功能与质量差不多但品牌不同的产品，往往会选择更加能够表现自己个性和价值的商品。

> 提到苹果公司，人们想到的一定是高端、优雅、科技、创新、完美等因素，这些因素共同组成了苹果公司的企业文化。在乔布斯带领苹果走过的十几年里，苹果共申请了1 300项专利，几乎是戴尔的1.5倍。苹果公司也因此成为创新的代名词。
>
> 就是在这样令人咋舌的企业文化下，无数人为苹果倾倒，于是形成了现在的"果粉"群体。而在互联网时代中，苹果更是成为科技公司的行业翘楚。

苹果公司通过自身的企业文化创造了良好的口碑。当苹果发布新产品的时候,"果粉"首先考虑的不是新产品本身,而是苹果公司一贯高端、创新和完美的文化将会再次带给他们怎样的惊喜。这就是文化为口碑带来的巨大影响力。

5. 热心公益事业

公益事业很容易树立企业品牌的良好口碑,因为公益事业所表现的是一个企业的社会责任感。一个热心于公益事业的企业会获得更好的社会美誉度,而受益群众和一些社会热心人士就会成为良好口碑的传播者,从而制造出更好的口碑,并被消费者所接受。

No. 8
网络口碑传播需要引导

在制造了较好的口碑之后,企业就需要对网络口碑进行引导。因为一个良好的口碑若是没有经过引导,就很容易使消费者看不到自己所宣传的真正内容,从而达不到网络口碑营销的目的。

总体来说,网络口碑传播的引导方式分为三大类:功能性的引导、活动和话题引导和言论引导(如图2-8)。

1. 功能性的引导

功能性的引导,其实就是在技术层面对网络口碑进行引导。简单来

图 2-8　网络口碑营销的引导

说,就是通过文字风格、宣传图片和宣传的途径等对网民进行一些引导。这需要专业人士进行操作,才能做到对网民产生一定的影响。

文字的风格和颜色能够在感官和情感上给网友带来一定的影响。比如说,可口可乐的主体颜色是红色,其字体的主色调就应该以红色为主;而百事可乐的主体颜色为蓝色,其字体就应该以蓝色为主。如此一来,网友在看到以红色或蓝色字体为主的营销活动时就会很自然地想到可口可乐或百事可乐。

图片也是引导口碑传播的一个很重要的因素,它不单单是指一个广告图片或者一个LOGO,更需要在表现其品牌和产品上有一定的引导性和方向性,这样才能够起到对口碑传播的引导作用。

2. 活动和话题引导

这种活动和话题的引导不会让消费者感到无趣而不愿意接触信息。在网民为追求娱乐性而参加活动或者讨论话题的时候，就会在无形中对自己的产品和品牌进行推广。

  2009年，达芙妮以投放网站minisize为平台进行了一场主题为"爱我就带我走"的网络活动。这个活动以婚姻为主题，网民可以把自己和情侣的照片及甜言蜜语上传到这个平台上，然后通过网民投票，选出得票最高者进行奖励。这次活动引起了网民极大的关注，他们在不同的媒介传媒平台上对这次活动进行宣传，引导了互联网对于"爱我就带我走"话题的关注和讨论。

  据达芙妮官网的数据显示，这次活动在531 142个独立访问用户中，有482 650个用户进行了投票，活动的参与率史无前例地达到了90%。

  达芙妮的这次网络口碑营销活动的内容很简单，也很能吸引眼球。通过这次"爱我就带我走"活动的引导，网友们对达芙妮的产品和品牌进行了关注和推广。

  设计网络活动不能随便乱来，要根据目标客户群体，找到他们感兴趣的话题，有计划地进行，同时需要结合产品和品牌的特点和基调进行。绝不能想当然地推出活动，要根据活动引导的目的、要求、对象和最后的目标来具体操作。

3. 言论引导

  言论引导主要是指对产品和品牌的评论，是对口碑最重要的引导方式。它直接关系到消费者和品牌之间，以及品牌对外形象的利益。这时，绝不能简单处理，需要把握好消费者的言论对品牌的作用，控制好论坛言论对品牌的影响，也要尽力组织好消费者的言论引导。

比如，在自己品牌的产品论坛中发起一个投票活动，提出一个话题并对此进行探讨，或制定个制度等，都可以算得上是从言论上对网络口碑进行引导。要做好言论引导，就要控制好企业对言论的影响，从而在一定程度上能够引导言论的方向，能够让网络口碑更好地传播下去。

不管怎样，企业控制好自己对言论的影响力极为重要。千万不能等出现了问题才想到去解决问题，而是要从根源上去预防和发现负面口碑，然后再尽力用各种手段去引导言论，从而使言论朝着企业希望的方向转变。

第三章

产品：有什么值得关注和传播

在整个网络口碑营销的过程中，产品是所有营销的关键，所有的营销手段都必须围绕产品来进行。只有对消费者具有强大吸引力的产品才能引起消费者的关注和传播。在这一章中，我们将会详细介绍什么样的产品才是网络口碑营销中具有强大推动力的产品。

No. 1
性价比是吸引消费者的第一要素

什么叫作性价比？性价比就是指一种产品的性能与价格之比。性价比高的产品就是指该产品的性能很高但是价格很低。对于大部分消费者来说，在选择自己需要的产品时性价比无疑是非常重要的参考因素。这也使得很多商家都把自己产品的性价比作为吸引消费者的第一要素。

一款商品的成功，与企业的营销手段和企业文化密不可分。2012年，国内著名的电子商务网站北斗星手机网，推出了一款叫作"小辣椒"的手机。这款手机的配置非常"强悍"，但价格却出奇"亲民"。在北斗星手机网给"小辣椒"手机做网络口碑营销的时候，他们紧紧抓住了"高性价比"的特点，很快，"小辣椒"手机就获得了网民的关注。"小辣椒"手机仅仅在线上销售几天就突破了10万台的销量。

"小辣椒"手机因为高性价比而受到了很多消费者的关注和传播。如今，消费者的消费观念更加务实，高性价比成为他们关注和购买一款产品最重要的原因，而不是仅仅追求低廉的价格或者出色的性能。因此，利用产品高性价比的特点来制造口碑无疑是非常重要的手段。

任何产品在做网络口碑营销的时候都要从消费者的角度出发,才能激发消费者的兴趣并且让消费者心仪自己的产品,然后获得良好的消费体验,从而愿意向自己的亲朋好友宣传。高性价比的产品,首先它的性能一定要得到消费者的赞同,然后它的价格定位在消费者感到惊喜的位置,这样才能引发消费者的兴趣。在利用高性价比吸引消费的时候需要注意两点(如图3-1)。

图3-1 用"性价比"来吸引消费者需要注意的方面

1. 介绍产品性能的时候让消费者感到更实用

实用,是消费者对产品的一个基本要求。因为消费者之所以会有购买需求,就是因为他需要这个产品给自己的生活和工作带来便利。但有的企业在进行网络口碑营销的时候,对自己产品的性能强悍的表述仅仅体现在一些比较专业的产品规格配置方面，对于普通消费者来说，过于专业的表述反而会让他们敬而远之。因为消费者不是行业专家，他们不希望看到一些罗列的配置，他们更加希望这个产品能够满足自己的需求。

　　索尼公司在亚马逊网站上介绍自己的新一代游戏机PlayStation3（简称PS3）的时候，是这么说的：新一代PS3游戏机配备了第四代硬盘，而16G的操作系统可以让它装载许多早期PS3中也具有的多媒体特征和功能，并有了一系列新的发展和完善。PS3型的16G系统将展开第二代的娱乐新领域。

　　但是，索尼的这个产品并没有获得大家的喜爱，在销量上也远远不及它的竞争对手微软公司的XBOX。原因就在于，XBOX的宣传语重在强调"生动逼真的游戏让你如临其境，海量电视节目任你点播，这里的一些游戏与娱乐体验皆为你量身定制"。消费者从这段话中能够很直观地知道自己从中可以获得的"好处"。

在这个例子中，索尼公司对PS3的性能仅仅用一些专业的语言对其配置进行了一系列的描述，并不能打动消费者的心。消费者购买游戏机的目的是为了丰富自己的娱乐生活，他们不关心游戏机是否搭载了第四代的硬盘，也不关心是什么样的系统，他们更加关心的是能玩什么游戏，游戏的体验如何。而反观其竞争对手XBOX则从消费者的角度出发，用更加实用的语言描述了产品的特点，从而获得了消费者的青睐。

2. 价格要在目标客户的承受范围以内

有的时候，企业所谓的高性价比中性能很"强悍"，但是价格很高，甚至超出了目标客户的承受范围，这样也不利于产品的口碑营销。可能商家会觉得这样的商品在同等性能中价格已经很低了,但是目标客户不需要如此高的性能,当然就会觉得价格很高。因此,这个时候就要对目标客户重新定位,或者使自己的产品更加贴近目标客户的要求并降低价格。例如,"洗之朗"智能温水便座的产品定价在每台1 500元,这个价格符合目标消费者的心理价位,迅速使其成为行业内的性价比之王。

No. 2

"卖相"对消费者的吸引力

"卖相"指产品或品牌的外表形态。这是一个看"脸"的时代,"长得好"的产品和品牌同样也更容易得到消费者的青睐。出色的外表和包装对于几乎所有的产品的销售与推广都有着举足轻重的作用。

世界上很多著名的公司都非常注重产品外观的美化和设计工作,哪怕是工业机器。因为他们知道,在激烈的市场竞争中,仅仅具备"强悍"的性能是远远不够的,根本不足以战胜竞争对手。而出色的"卖相"作为能够留给消费者第一印象的产品属性,对竞争的成败有着至关重要的作用。试想一下,若有两款性能相同的手机,品牌影响力也差不多,但是一款要比另一款美观很多,消费者会选择哪一款呢?当然是外表美观的那一款了。

由此可以得出这样一个结论:商家只需要在产品美观设计方面很小的投入,将会有很大的回报。这种投入和回报比,要比仅仅在产品性能上进行开发投入大很多。

此外，产品的外观也是企业形象和企业文化在消费者眼中的直接表现。简洁美观的外形设计更加有利于企业宣传自己的文化，向消费者灌输企业理念，这对于企业的口碑营销的运作是很有益的。尤其是有些公司作为业务承包商，若是业务做得比较美观，就会给消费者极大的信心和良好的印象。

而若想让自己的产品的"卖相"好，获得消费者的喜爱，需要从两个方面入手（如图3-2）。

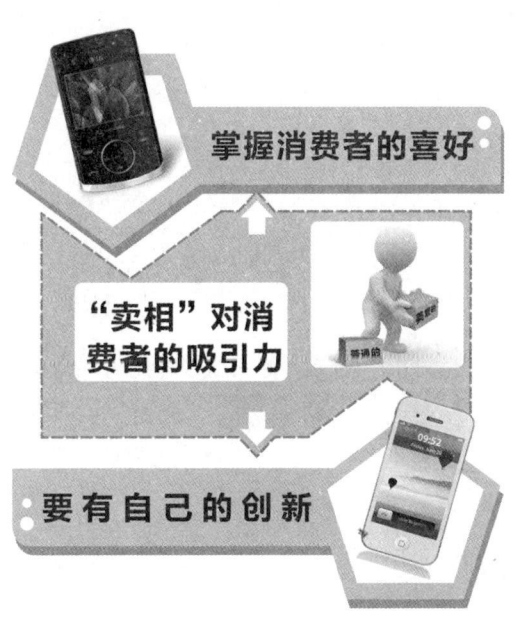

图3-2 "卖相"对消费者很有吸引力

1. 掌握消费者的喜好

不同类型的消费者对产品"卖相"的要求是不一样的。比如年轻消费者喜欢简约、动感、科技感十足的产品；年长的消费者喜欢设计得比较复古的产品；女性消费者喜欢时尚、颜色鲜亮的产品。企业需要对自己的目标客户群进行调查研究，掌握他们的喜好和习惯，然后再据此来设计他们所喜欢的产品外表。

LG集团为了打开女性手机市场，曾经针对女性做过一次调查，目的是搞清楚女性手机用户更喜欢什么样外形的手机。在了解了众多女性的喜好之后。LG经过精心设计，陆续推出了三款手机，分别叫作巧克力、棒棒糖和冰淇淋。这三款手机有一个共同点就是外观都特别养眼，一经推出，就受到了很多女性用户的喜爱。

事实上，LG推出的这三款手机在性能上的表现并不如其他手机出色，甚至相差甚远。但仅仅是因为它的外表美观，符合女性用户的喜好，从而获得了很多消费者的喜爱，这很大一部分要归功于LG集团事先对女性用户喜好的调查。

在掌握消费者的喜好的时候，还需要对自己的潜在消费者进行定位。LG手机就是把产品定位在了女性消费者，所以在调查的时候他们只调查女性消费者，而不需要考虑其他的手机消费者。

2. 要有自己的创新

为什么每款iPhone手机在发布之后都能够掀起业界的高潮？除了苹果公司无与伦比的影响力以外，最大的原因就是iPhone手机的外表都有着独特的创新。从刚开始只有一个HOME键的设计，到双面玻璃，再到指纹解锁，每一款iPhone都在外表上进行了创新，这种创新吸引了很多消费者去购买。

创新的力量是无穷的，这体现到产品的外表上更为明显。对于新的东西，人们总是怀有一种好奇心。所以，在产品设计中融入创新的元素就可以让产品"卖相"更好，也更容易获得消费者的口碑。

企业在对产品的外表进行精心设计时，只要考虑到这两个方面的因素，再加上合适的包装，就可以让产品具有很好的"卖相"，获得消费者的喜爱。再通过消费者的互相传播，形成良好的口碑，使产品和品牌能够获得广泛知名度。

质量是一切营销的根本

对于某些消费者而言，性价比、产品的"卖相"都在其次，质量才是他们购买产品最重要的参考条件。一件产品，即使企业用再好的文字宣传和包装，都不如让用户亲自去体验。若是产品质量并不是那么好却硬说这也好那也好，结果在消费者使用之后发现事实和宣传的差别太大，就会产生"坏事传千里"的效果。如果说高性价比和好"卖相"是吸引消费者的重要法宝，那么过硬的质量就是产品好口碑的不二之源。

任何产品想要获得良好的网络口碑，质量都必须要有一定的保证。俗话说"酒香不怕巷子深"，关键就在于酒一定要香，才能获得消费者的认同，否则，良好的口碑只能是一句空谈。有的时候，企业把过多的精力和资金放在了产品的宣传和营销上而忽略了产品质量的提高。这样即使消费者在第一次选择了产品，也不会再有下一次。

2011年12月,SFDA(国家食品药品监督管理总局)的一纸紧急安全公告将强生在中国最大的子公司西安杨森制药有限公司推到了舆论的风口浪尖。近年来,美国强生公司在全球频发质量问题。据不完全统计,仅2010年,强生就进行了包括强生泰诺、儿童抗过敏药可他敏、儿童止痛药美林和日抛隐形眼镜在内的15次大规模产品召回。

紧接着,百度贴吧、天涯论坛等BBS网站上出现大量曝光因使用强生产品而引发的严重后果的帖子,影响了数以千万计的网民。这种负面口碑在互联网上产生了蝴蝶效应,很多人表示以后不会再使用强生的产品,强生公司的名誉和销量受到了重创(如图3-3)。

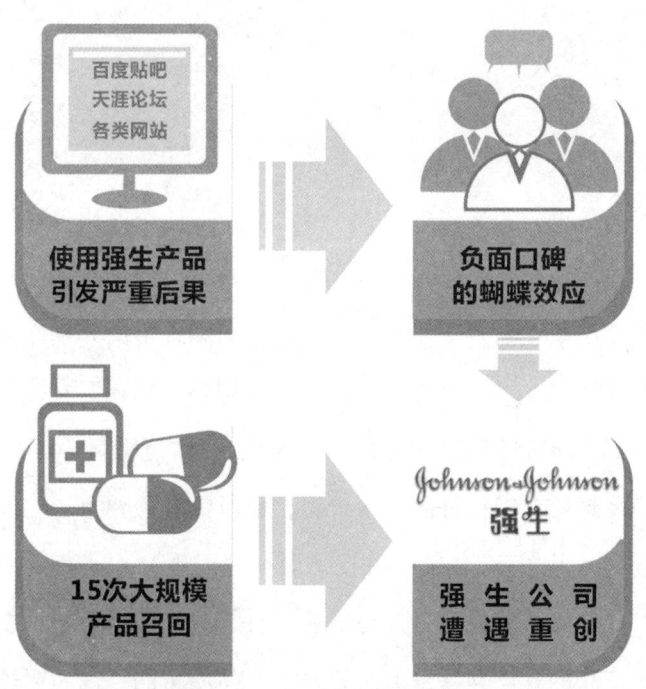

图3-3 强生集团遭遇重创

作为世界上最大的医疗卫生保健品及护理产品公司，强生的品牌一直是消费者放心的保证。但是这次的"质量门"事件让强生的名誉受到了很大的损害，使很多忠实客户失去了对强生的信任。可见，任何时候，产品的质量都是产品和品牌获得好口碑最重要的一个条件。

在企业竞争日趋激烈的今天，质量对于一个品牌和企业的重要性越来越明显，产品质量已经成为企业是否具有核心竞争力的体现之一。无论任何的营销方式，质量永远是营销的核心。

提高产品的质量并不是喊喊口号就能完成的事情，这需要企业在从生产到质检的全过程中都建立起严格的制度。在生产时，企业不能为了小便宜而偷工减料，使产品达不到需要的标准。同时，在产品生产出来之后，还需要经由质检部门仔细检查。通过严格的质量监控，才能生产出质量合格的产品，进而在消费者中产生良好的口碑。

此外，还应该给企业的员工灌输这样一种思想：质量才是企业生存的关键。在这种思想的作用下，企业员工会自发地提高工作的专注度，让自己生产出来的产品质量更加过硬。

在营销上，企业同样应该遵循质量至上的原则，有问题的产品绝不销售，而对于消费者发现有问题的产品应主动维修，这样才能让企业产品质量至上的理念深入人心，有利于产生良好的口碑。

不管采用什么营销手段，质量永远是营销的根本。没有质量，就没有口碑，更谈不上口碑营销。在这个网络时代中，任何小的细节都会暴露在所有人的眼中。所以，企业只有拿出对消费者负责任的高质量的产品，才能让消费者放心，才能赢得口碑。这样的产品也才值得网民们去传播、去宣传。

No. 4
优质的服务使消费者成为回头客和传播者

飞利浦公司是一家非常尊重消费者的公司，它为消费者提供优质服务的同时获得了消费者的赞誉。在飞利浦产品的销售过程中，销售人员总是能够站在顾客的角度去思考问题，有时候甚至会指正消费者的错误选择。在飞利浦公司的维修部，每当顾客把需要维修的产品送来的时候，他们总是把问题归咎到自己产品身上，然后再默默地免费把产品修好。在飞利浦的研发部依然是这样，研发人员从来不按照固有的思维去研发产品，而是照顾那些刁钻的客户去研发产品，并试图让自己的产品能够满足每一位消费者。

正是这种服务至上的理念，让飞利浦赢得了良好的口碑。即使是面对国际金融危机，飞利浦仍然能够在消费者的支持下大步前进，不受影响。

飞利浦作为一家享誉世界的大公司，却没有丝毫架子，而是一直秉承着服务至上的理念，因此为自己带来了良好的消费者口碑。

绝大多数的企业能够意识到让消费者在购买的过程中享受到优质的服务对于企业的重要性，它们甚至高喊"顾客是上帝"的口号。但是，优质的服务绝不仅仅表现在购买的过程中。购买之后的售后服务同样重要，售后服务直接考验企业是否真正以消费者为中心。而且，优质的售后服务对于消费者能否成为产品的回头客和传播者至关重要。

即使产品已经有了很好的口碑，优质的服务依然是不可或缺的，因为服务也是口碑的一个组成部分。企业纵使拥有过硬的产品质量、创新的设计理念、优惠的价格，却没有优质的服务与之相配，依然成不了市场竞争中的胜利者。对于良好的口碑来说，优质的服务有时候甚至比其他的因素更加重要。

产品的口碑需要消费者通过优秀的服务水平进行检验，其中消费者的建议和意见是必不可少的。因为在这个环节中，服务是唯一能够连接市场、消费者和企业的纽带。只有企业和商家有了服务意识，才会在营销过程中虚心听取消费者的意见和建议，才能把消费者的意见和建议反馈给企业，并对自己的各种服务缺陷加以改正，以此形成一个良好的品牌口碑，最终获得消费者的信赖。

中国石化在2011年举办了一次主题为"为民服务创先争优，争创消费者满意加油站"的活动。在这个活动中，中国石化通过所属3万多座加油站全面开展征求消费者意见的活动。每一位在加油站加油的客户都可以对中国石化提出意见并完成问卷调查，同时，中国石化在官方网站设立了《中国石化加油站征求消费者意见函》。目的就是通过征求消费者的意见和建议有针对性地改进和提升，进一步提升加油站的人性化服务。

通过这次活动，中国石化找到了自己服务中的种种问题，并有针对性地进行了改进。这种虚心的态度也获得了消费者的理解和赞许。通过这次活动，不仅使中国石化的服务质量获得了提升，也在消费者群体中获得了良好的口碑（如图3-4）。

图 3-4 中国石化的优质服务

一旦商家和企业为消费者提供了优质的服务，在形成口碑并进行口碑营销的过程中就免去了很大的麻烦，因为消费者对企业的第一印象已经变成了良好的服务态度和优质的产品体验。消费者的满意度会直接影响舆论的倾向，企业就会获得更有效率的口碑宣传。

虽然服务并非有形的商品，但是依然能够为良好的口碑营销起到推波助澜的作用。通过优质的服务，每一份产品的出售都将变成一次口碑的传播，消费者就会感到自己的花费物有所值，强大的传播效应将会给产品口碑带来更加有利的影响。

No.5
提高产品的适用性

什么是最好的产品？相信很多人都有自己的看法。但是，就目的性而言，最好的产品应该就是最具适用性的产品。无论是产品的质量、规格、价格还是服务，适用于消费者的产品才是真正适合消费者的好产品。

有时候，企业会过分追求提高产品各种性能。虽然从某种意义上说，这体现了消费者的精神文明和物质文明的极大丰富，但是，这并不意味着就要抛弃一些比较低端的产品。因为每一个消费者的收入水平和背景各不相同，所以需求的产品也各不一样。所以，企业应该在做好市场调查的基础上，推出适合每个类型消费者的产品。

除此之外，还要让自己的产品在消费者使用的时候更加舒服。为了抢占市场，企业和商家只有在生产上提高自己的技术，让消费者在使用产品时能够更加舒服，才能最大限度地使自己的产品获得消费者的好感，从而在消费者的群体中创造口碑。

提高产品适用性能够用最快的时间建立起消费者的口碑。因为提高适用性最大的受益者就是消费者。消费者在体验了产品之后觉得适用性很强，才会在第一时间对产品进行宣传，进而制造口碑。品牌口碑也会随着产品优质的适用度而得到更多消费者的赞同,迅速扩散。

利用提高产品的适用性来获得口碑并不是一件容易的事情,因为在不同的情况下,即使是同一个人,产品的"边际效用"也是不同的。

比如说,一个人在炎热的沙漠中旅行,而水都喝干了,这个时候,即使是一瓶最普通的水也能够让他得到满足,这瓶水的边际效用对他来说就是最高的;若是这个人在一个秋高气爽的天气里,在城市里闲逛,同样的一瓶水给他,说不定他连看都不看一眼,此时这瓶水的边际效用为零甚至为负。这就是消费者对产品的期望值不同才导致了同样产品两个截然不同的结果。

而要想通过提高产品的适用性来做口碑营销,有两种方法:一个是提高消费者的收获值;另一个就是降低消费者的期望值(如图3-5)。在一些时候,还需要把这两种方法同时使用。

图3-5 如何提高产品的适用性

1. 提高消费者的收获值

这是一个成本较高的方法，适合一些大企业使用。实际上，消费者的收获值涉及产品的各个方面。硬件配置、环境要素、服务质量和产品文化等都是消费者收获值的组成部分。为了让消费者能够对自己的产品感兴趣，商家和企业必须想尽办法从各个方面提高消费者的收获值来满足消费者，以提高产品的适用性。

2. 降低消费者的期望值

这是比较实用且成本较低的一种方法，最适用于那些在各自领域还不是特别出色的企业和商家。因为对于行业翘楚来说，本来消费者对它的期望就很高，很难降低期望值。若是企业硬性地降低，会给消费者一种不负责任的感觉。比如，苹果公司推出的 iPhone 5，在发布之后就遭到了消费者的不满。他们认为这款手机还不如之前的 iPhone 4s。其实，在当时，iPhone 5 已经是市场上最好的手机之一，但是由于消费者已经习惯了每一款 iPhone 手机带来的惊喜，期望值太高，相对比之下 iPhone 5 就没那么出色，所以才招来消费者的不满之声。

但是，若是直接告诉消费者自己产品的一些缺点，即使能够得到消费者的谅解，也会引起消费者的不满，产品对消费者的适用性也会大大降低。这个时候，还可以通过转嫁期望的方式来为自己的产品制造口碑。

在 20 世纪末，数码相机还没有得到普及，大多数人用的相机还是传统的傻瓜相机。柯达胶卷是世界上最好的胶卷，而日本的富士胶卷知道自己在明亮的环境下成像效果远不如柯达胶卷，于是，富士胶卷提出了"室外用柯达，室内用富士"的营销口号。这次营销活动获得了极大的成功。

富士胶卷成功地转嫁了消费者的期望，使产品的适用性得到了很大的提高，也成功地避开了和柯达胶卷正面竞争，最终为自己的产品获得了极好的口碑。

消费者在体验的过程中觉得产品的适用度很高，才会去传播这件产品。因此，企业需要给予产品的适用度极大的关注，努力提高产品的适用度，这样才能让产品能够有好的口碑。

第四章

消费者：我为什么要为你"叫好"

　　消费者是网络口碑营销中最重要的部分，也是进行口碑营销所需打动的目标。进行网络口碑营销的企业或品牌必须拿出一些能够真正吸引消费者的东西，才能让消费者为企业"叫好"，才能使产品和品牌的口碑得到病毒式的传播。本章将会着重介绍用什么吸引消费者，从而让消费者为企业"叫好"。

No. 1 对产品或服务的准确定位

如今的消费者越来越多元化,所能选择的商品也越来越多。不同的消费者由于喜好、习惯和背景不同,会选择不同种类的产品。因此,不同的产品也应该有不同的目标客户定位,这样才能找到最适合自己的买家,才能通过良好的产品体验获得好口碑,并在互联网上进行宣传。

每个产品都有其固定的目标客户,对产品或服务的定位其实也就是对目标客户的定位。很多品牌都会针对不同的消费群而生产不同的产品,这样做是为了抓住各种类型和档次的客户。在网络口碑营销中也是一样,不同产品的目标客户不一样,所以用来描述产品的方法、语言的风格、营销方法、投入资金也各不相同。因此,在进行网络口碑营销之前,一定要对产品或服务进行准确定位。

而对于产品或服务的定位,必须遵循两个基本原则,就是适应性原则和竞争性原则。

适应性原则又分为两方面,一方面是产品在定位的时候要适应目标客户群体,通过对目标客户群消费需求的满足以形成良好的产品体验,最终形成良好的口碑;另一方面是对产品或者服务的定位要适应企业自身的实际情况和网络环境,这样才能做出符合实际的计划,让网络口碑营销进行得有条不紊。

而竞争性原则是指要结合市场上同行业的竞争对手的情况来确定自己的网络口碑营销计划,避免定位雷同,以减少存在竞争的风险。比如,同是国际知名的化妆品品牌,雅诗兰黛的定位是一些比较高端的消费者群体,而妮维雅则把目标客户群定位于中低端的群体上,这就有效避免了两者出现竞争。再比如,在智能温水便座行业,日本TOTO的卫洗丽的定位是高端用户而且是正在进行装修的家庭用户群体,而良治洗之朗则把已经完成装修的医生、教师、政府公务员、科研单位工作者这样的家庭用户群体作为自己的目标客户,产品一上市,迅速得到市场的普遍认可。

在遵循这两个原则的基础上,企业在对产品和服务进行定位的时候,主要从三个方面入手(如图4-1)。

图4-1 从三个方面定位产品和服务

1. 产品的属性

产品的属性是一个很大的概念,它包括了产品的质量、用途、外观、颜色、性能,等等。企业不可能把产品的每一种属性都作为网络口碑营销中的宣传重点,只能尽量宣扬产品比较突出的某一种属性,这种属性最好是竞争对手无暇顾及或尚不具备的。这样的定位往往能够产生较明显的效果。

比如宝洁公司旗下有三个洗发水品牌——飘柔、潘婷和海飞丝,在对这三个品牌的营销中,分别以飘柔的柔顺、潘婷的养发和海飞丝的去屑这三个属性为重点进行推广,从而有效避免了三者之间的竞争。同时,因为其和目标客户群联系紧密,也更易获得客户的好评。

消费者之所以购买产品,并不是购买产品本身,而是购买产品的使用价值。因此,结合市场的具体构成和市场竞争,定位产品在某一效用上可以产生很好的效果。

2. 根据消费群体进行定位

世界上没有一种产品能够满足所有消费者的所有需求,而只能满足消费者对某一方面的需求。所以,要根据固有的市场构成,把消费者按年龄、职业、性别、地区、收入、民族等分为不同的群体,并通过品牌、价格、外表等用不同的附加值表现出来,这样就能够满足不同消费者的消费需求,同时提高自己的品牌影响力,从而获得更加优秀的口碑。

在很多人看来,牛奶始终是一种大众消费品,被认定为"不可能做出花样来"的商品。然而,蒙牛集团在2005年推出的特仑苏牛奶却打破了这种保守的思维模式。这款牛奶定位高端消费者，在众人质疑的眼光中得到了市场的认可。特别是它那句经典的广告词"不是所有牛奶都叫特仑苏"，一下子就把这款产品与其他的牛奶产品区别开了。由于特仑苏牛奶相比于其他牛奶具有更高的蛋白质含量，所以，尽管价位较高，依然受到了其客户群体——高端消费者的青睐，对他们来说，营养价值绝对比价格更加重要。特仑苏上市仅一年，在上海某卖场的销售量就达到了1万箱，而在中国的北方地区，这个数字更大。

特仑苏对其目标客户群的准确定位是其获得良好口碑和销量的关键。在其营销过程中，无论是广告词的设计，还是产品特性均符合高端消费者的消费要求。

3. 根据消费心理进行定位

每一个有购买需求的消费者对产品的消费心理是不一样的。比如买衣服，有的人是为了"虚荣"，有的人是为了"御寒"，有的人是为了"好奇"，还有的人是为了"个性"。企业在进行网络口碑营销时就可以根据消费者的不同消费心理对产品进行定位并宣传，这样很容易就打动消费者，并赢得好评。因为没有人会埋怨自己为"虚荣""好奇"买错了单。

No. 2
能够引起客户共鸣的体验

对于消费者而言，一次绝妙的消费体验无疑是其购买并进行宣传的重要因素。伯德·施密特博士（Betnd H. Schmitt）曾经在其著作《体验式营销》（Experiential Marketing）中提到，体验式营销是一种思考方式，是站在消费者的感官、情感、思想、行为和关联这五个角度重新定义和设计的营销方式。这种营销方式在网络口碑营销中同样适用，因为只有经过对产品的体验，才最有资格对产品进行评价，这种评价才能在消费者之中形成广泛传播的口碑。为了让消费者能够主动体验产品并愿意对产品的体验进行评价，品牌就需要推出一些体验活动。

一般而言，品牌推出体验活动是诱发的，而不是自发形成的。当然，诱发并不是被动的举行，只是说明网络口碑营销需要这种方法来促进口碑的形成。而且，体验是复杂的但是又独一无二的，只能通过消费者自己的标准来判定体验的结果。企业在进行体验活动的时候必须充分考虑到本次网络口碑营销的整体效果和过程，在此基础上为消费者提供优良的体验形式和新奇的体验过程，这样就能够真正地掌控顾客的体验感觉，最终实现网络口碑营销的目的。

Palm公司生产的Treo智能手机曾经是世界上最畅销的手机之

一。Palm 公司旨在提高消费者体验而研发生产的 Treo 300 和 Treo 600 智能手机一度非常火爆，为 Palm 公司赢得了很好的口碑。但是，不久之后，心满意足的 Palm 公司认为自己能够掌控市场，就不再重视消费者的体验，也不再与消费者进行沟通，推出的产品很难满足消费者的需求，也难以为消费者带来良好的体验，从而受到了市场的冷落。Palm 公司的业绩急速下滑，很快就被更加重视消费者体验的苹果和黑莓迎头赶上。当 Palm 认识到了自己的错误并想重新改善消费体验并决定研发新的产品的时候，却发现再也没有充足的资金了。最终，Palm 公司被惠普收购（如图4-2）。

消费者都是善变的。实际上，Palm 公司刚开始拥有着苹果和黑莓无法比拟的优势，那就是它能够以提高客户的体验为目标来研发产品，这也使它更受到消费者的信任和喜欢，因此 Palm 公司一直拥有良好的口碑。但是后来，Palm 觉得自己已经主导了市场，不必再重视消费者体验，使很多手机用户转向了体验性更好的苹果、黑莓等品牌。这直接导致了 Palm 公司最终被收购。从这个案例可以看出，网络口碑营销是绝对离不开别人无法比拟的消费者体验的。

像 Palm 公司这样因没有重视客户体验而最终失败的公司有很多。所以，要想在网络口碑营销中打出漂亮的一仗，就必须能够提供让客户产生共鸣的优势体验。

首先，企业必须知道，体验是一种使用产品之后所获得的感觉。感觉是因人而异的，但能够满足其需求的产品绝对能够打动消费者，使其获得较好的体验。因此，企业可以挖掘出目标消费群具有共性的需求进行满足。为此，企业可以和目标消费群多进行沟通，这样就能挖掘出他们内心的真实愿望，并通过换位思考找到自己产品和服务中的不足之处。这是第

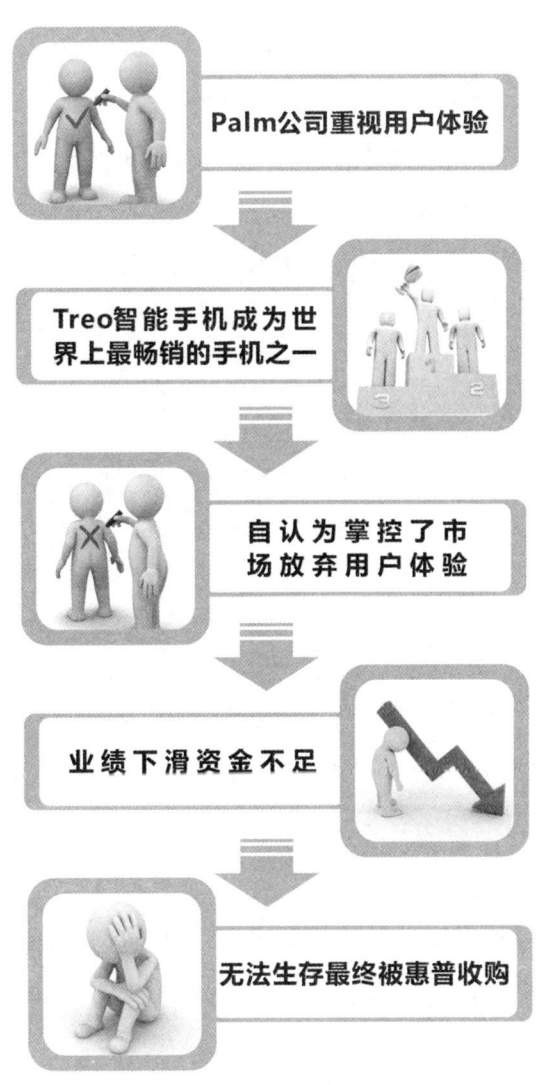

图 4-2 Palm 公司没有重视客户体验，最终被收购

一步，也是非常重要的一步。很多知名企业在研发新产品之前，都习惯做消费者调查，知道消费者想要什么样的产品之后，再根据消费者的需求来研发产品，这样的产品往往能够很快地占领市场，并获得很好的口碑。

其次，就是新产品从创意、设计、研发、改进和营销各个方面都以消费者体验为导向，这样才能成为消费者一致称赞的产品。产品体验是消费者最看重的部分，也是品牌进行口碑营销的内容。因此，企业必须从消费者体验出发，生产出消费者喜爱的产品，这样才能在消费者中形成很好的品牌口碑。

最后就是产品的营销手段也要充分考虑到消费者体验。最好的方式就是举办一些能够充分体现消费者优秀体验的活动。通过举办这些活动，就能够让更多的人知道产品和品牌，而优秀的体验会让品牌的口碑产生并很快地得以传播。

No.3

满足客户的心理需求

随着国民生活水平的提高，很多消费者已经不仅仅满足于生理需求，心理需求的满足已经成为消费者的一大消费目的。随着消费者消费观念的转变，企业的营销观念当然也要随之改变。

从消费者的心理来说，消费者在购买一件商品或者享受一项服务的时候，不再只是关心商品具有什么样的功能，更重要的是体验商品的某种属性，使他感到这件商品的这种属性适用于自己生活或者工作中的某一时间或者某一场合。这就是消费者心理需求的体现。

由于每位消费者都是一个独立的存在，因此，他们的心理需求各不相同。企业需要从大众消费者的心理出发，通过一系列措施满足一般消费者的心理需求，这样就能在消费者之间产生较好的口碑。对一般消费者来说，心理需求主要来源于两个方面：自我观念和自我价值观。

1. 自我观念

消费心理学的研究表明，人们完全可以通过消费者所购买商品的品牌、外观、性能等属性来判断消费者的性格。消费者对自己具有很清楚的认知，在选择产品的时候就会考虑这个产品是否符合自己的实际情况，他们只会选择符合自己爱好和习惯的品牌，这一点与人们选择性格接近的人做朋友的心理比较接近。它会直接影响消费者对一个产品和品牌的好感度和认知度。

人的自我观念是从小就有的，通过所处的环境和经历而最终成型。这种自我观念在对自己想成为什么样的人会有一个审视和评估并根植于消费者的内心之中，直接影响其消费习惯。这种自我观念形成的意义在消费中就可以解释为了追求自己理想的自我观念，消费者更加倾向于支持他们期望的产品和服务。有人用"存在感"一词来解释这种心理需求。

而对于网络口碑营销来说，对消费者的自我观念要给予足够重视。由于每位消费者的背景、教育程度等各不相同，自我观念也会不同。但是，有一些自我观念还是有着集体性的共同点。比如，对于"80后"群体来说，他们有着共同的成长记忆，因此，他们的自我观念就有着务实、追求新鲜事物的共同点；再比如，对于女性来说，她们的自我观念中存在着对自己外表的重视和对服饰、箱包等商品的偏爱。

企业就可以根据自己潜在消费者的群体特点，找到群体共同的自我观念，并以此来进行口碑营销。

2013年的"昵称瓶"为可口可乐的销量带来了20%的增长。

于是，在2014年的夏天，可口可乐再次模拟前一年的成功，进行口碑营销。不过这一次不是"昵称瓶",而是"歌词瓶"。在可口可乐的瓶身上出现了当下最受欢迎的明星和他们的热门歌曲的歌词。从周杰伦到梁静茹,从校园歌曲到体育歌曲,可口可乐考虑到了不同年龄段和职业人群的喜好。

由于前一年已经成功运营了"昵称瓶"的营销,2014年的"歌词瓶"营销对可口可乐公司来说是轻车熟路。与此同时,可口可乐的官方微博也有意无意地发布跟歌词相关的内容,比如,让"粉丝"说出自己喜欢的歌手的一句歌词,或者根据文字猜歌词等等。这些活动更加促进了"歌词瓶"可口可乐的销售,再一次将可口可乐的口碑推向了顶峰(如图4-3)。

图4-3 可口可乐的"歌词瓶"营销

可口可乐公司抓住了其目标消费者群体主要为年轻人的特点，找到其共同的自我观念而进行口碑营销。作为80后、90后的年轻人，流行音乐是他们的集体回忆和对精神的极大充实。因此，"歌词瓶"的推出很快就受到追捧，成为当时网上的热搜词之一。

2. 自我价值观

消费者的自我价值观对他们将如何选择商品起到至关重要的作用，而自我价值观的形成又受普遍的社会价值观的影响。因此，要想满足消费者的需求，就需从社会价值观入手，找到符合大众价值观的突破点，才能让自己的产品和口碑营销方式得到消费者的认同。在互联网有人用"参与感""归属感"来形容这种心理需求。

No. 4
使客户得到最优的价值

在任何营销活动中，客户永远是最重要的部分，毕竟营销活动的最终目的就是为了让客户最终购买自己的产品，口碑营销也不例外。那么，该如何让消费者对自己的产品充满兴趣，有购买需求，并且愿意给产品做宣传？最重要的就是要使客户得到最优的价值，并且能够让他感觉到商家的这种诚意，他才能最终成为产品的宣传者。

那么，什么是最优的价值呢？最优的价值就是尽自己最大的努力，让消费者能够享受到商家所能提供的最优质的服务以及最好的产品。而对于不同类型的消费者，他们所能接受的最优价值也各不相同。在这一点上，一些企业做得十分优秀。

　　瑞典的利乐公司是一家世界500强企业，主要生产包装材料、饮料的灌装设备。它是世界上最大的软包装供应商。自从进入中国市场之后，为了迎合中国市场，利乐奉行新的经营理念：与客户共同成长。

　　面对中国产业链还不成熟的情况，利乐公司与很多的下游厂商结成了战略合作伙伴关系，利乐把这称之为"关键客户管理系统"（KAM）。利乐不仅根据自己的成功经验向那些中国企业输入技术、文化、理念和运作方法，还利用优势资源全方位整合消费者存在的问题，改变了合作伙伴的软环境。在互相的市场努力下，实现双方共赢。

与很多遭遇水土不服的"洋企业"相比，利乐的改变是成功的，其原因就是它给中国消费者提供了最优价值。由于生活环境不同，不同消费者所理解的最优价值也不一样，但是利乐公司却能够做出改变，让自己的企业在中国市场中也能够利用自己的优势来向消费者提供最优价值，这就是它成功的最大原因。

　　本土企业应该学习利乐公司的成功经验，为客户提供最优价值。同时，应该注意以下三个方面（如图4-4）。

1. 建立与客户之间的沟通机制

　　为客户创造价值的前提是对客户的深层理解，知道客户想要什么东西才能根据客户的需求进行产品研发、市场分析和口碑营销。企业站以客户的角度去重新审视产品和服务，这样就可以时刻与客户的需求同步，实现

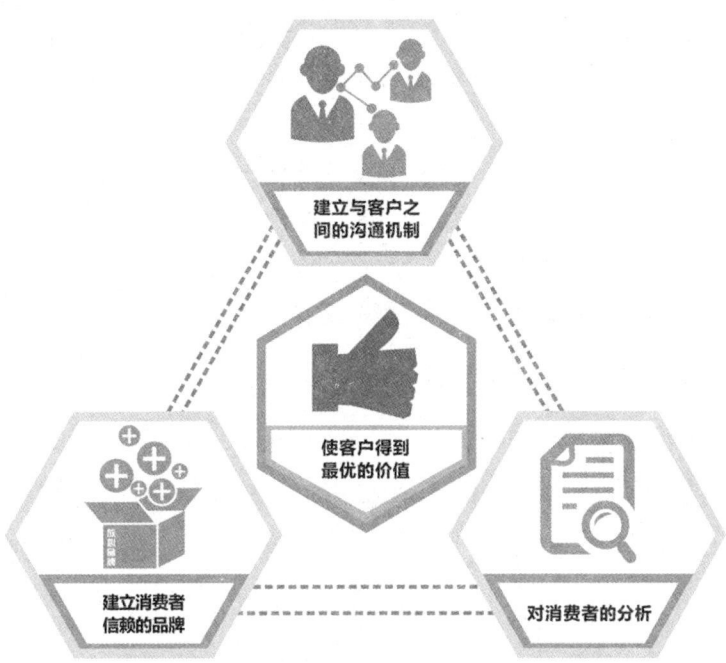

图 4-4　从三个方面使客户得到最优价值

向客户传递最优价值。企业建立于客户之间的沟通机制，正是企业了解客户价值的桥梁，可以随时了解客户的需求。

通用电气的 CEO 伊梅尔达说："我 50% 的时间都在与客户交谈。"而害怕面对客户的企业，其原因就是对客户的需求不了解，更应该建立与客户之间的沟通机制，这样，企业才能给客户提供最优的价值。

2. 建立消费者信赖的品牌

为客户创造最优价值，不仅要求企业重视客户当前的利益，更要求企业关注客户的长远利益。在残酷的市场竞争中，企业通过建立消费者所信赖的品牌，就可以培养消费者对于品牌的认知度，从而更加有利于为消费者创造最优价值，与消费者实现共赢。

比如美国英特尔公司通过实施品牌战略，不仅使自己受益，也为客户创造了价值。很多消费者在购买电脑的时候，首先就是看这款电脑是否装配了英特尔的 CPU。这就是品牌的力量，在这种品牌效应下，企业就可以更加方便地向客户提供最优价值。

3. 对消费者的分析

一个品牌若想建立好的口碑，最根本的就是要得到消费者的认同。不加强对消费者的分析，就不可能准确把握市场趋势，更不可能捕捉到转瞬即逝的商机，为消费者传递价值。

对消费者的分析是很多优秀的企业都会做的事情，比如很多企业都会成立一些研发中心，设计出一些概念产品，这都是对消费者喜好分析的尝试。通过这些，就能为企业提供更有市场前景的信息，更加有利于企业向消费者提供最优价值。

No. 5

成交不是结束，是优质服务的开始

很多商家认为，一次成功的销售到成交就是终点了。其实，这仅仅是一个起点，优质的售后服务也同样是营销中非常重要的一个组成部分。如今，售后服务已经成为市场营销学中的重要概念之一，在很多品牌的推广中都起到了至关重要的作用。

然而，有一种说法却认为，售后服务是一种质量没有保障的补救行为。中国社科院工业经济所所长吕政就认为,售后服务是不得已的补救,给消费者增加的是麻烦。

理论上来说,这种说法是正确的,但是目前中国的消费市场还处于计划经济到市场经济的转型期,因此,这种理想的情况是不可能发生的。在这个特殊的转型期,消费者、销售者和生产者都还不成熟,售后服务就起着很重要的作用,可以为产品品牌的口碑带来很积极的过渡与推动作用。

任何消费者在购买产品之后,都希望自己能够享受到优质的售后服务。这也是建立好口碑的关键所在,只有消费者获得了优质的服务,才会通过各种渠道向周围的人宣传产品和品牌,从而使产品获得良好的口碑。

为消费者提供优质服务需要做到以下几个方面(如图4-5):

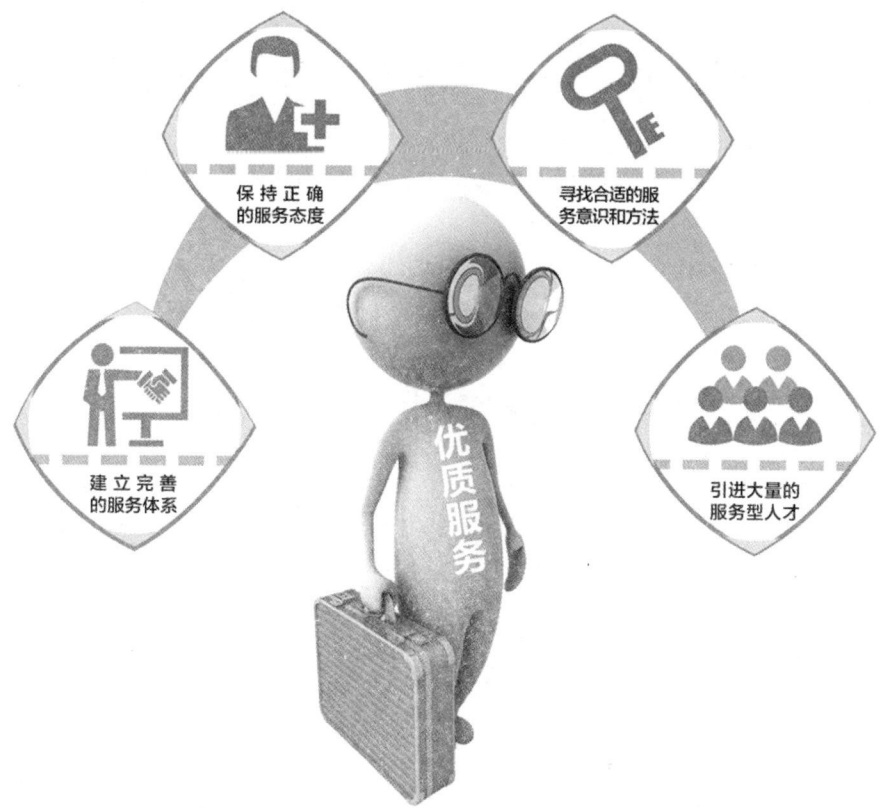

图4-5 优质服务要从四个方面做起

1. 建立完善的服务体系

服务是一种态度，它贯穿于口碑营销的始终。企业需要从服务中获得收益，必须从开始就建立起一套很完整的服务系统，提升消费者的满意度。

在这个服务系统中，包含很多的反应机制。这种反应机制需要在长期的服务工作中逐渐积累。比如，有的消费者对产品出现的某个问题要求售后维修，刚开始也许没有经验，但是这样的问题多了，就能够探索出一个最佳的反应机制。通过很多的这种经过实践的反应机制，就能够成功把握住消费者的心理，形成行之有效的反应机制，而很多种不同的反应机制就是服务体系的重要组成部分。

由于消费者的消费习惯是在不断变化的，因此服务系统也应不断完善。通过在服务工作中的不断实践，就能够准确把握消费者的习惯，使企业的服务系统越来越完善。

2. 保持正确的服务态度

正确的服务态度就是"客户至上"的态度。这种服务态度最重要的就是要保持下去，很多企业的服务人员在遇到一些情绪比较激动的消费者就不能保持，这对企业的形象和口碑都是一种伤害。

保持好的服务态度，就能提升消费者对企业的好感，使之不仅成为企业的回头客，还会成为企业口碑的宣传员。因此，企业需要有一个正确的服务态度并且把这种服务态度保持下去。

3. 寻找合适的服务意识和方法

随着公司的发展，服务意识已经在很多员工中快速地建立了起来，当人们意识到服务手段能够解决企业遇到的很多麻烦的时候,学习新的服务方法就会成为企业的需要。

目前,消费市场的竞争已经从硬件的产品质量、"卖相"的竞争逐渐向服务的软件的竞争转移。在这种大背景下,需要企业的员工都能培养出一种天然的服务意识。每个员工都能成为合格的服务人员,这也是很多企业理想中的"服务型企业"。

任何事情都有方法和技巧,为消费者提供优质服务也不例外。在对消费者的服务中,要仔细寻找合适的方法和技巧,这样能让消费者享受到优质服务的同时,还能提高自己的工作效率。

4. 引进大量的服务型人才

要想给消费者提供优质服务,还需要引进大量的服务型人才。服务型人才是企业能够为消费者提供优质服务的中坚力量,通过服务型人才的积累,可以使企业的服务系统快速完善,服务理念迅速形成。

同时,服务型人才能够改变企业的环境,让企业形成一种成熟的服务氛围。在这种企业中,就为消费者在享受到优质服务并成为回头客提供了可能性。

企业通过以上四点,就能迅速提高服务水平,让消费者享受到最优质的服务,从而为企业产生良好的口碑,让好口碑快速地传播出去。

No. 6 及时处理客户的抱怨

客户的抱怨是任何企业都会遇到的问题，对客户的抱怨的处理能力将决定这个企业能够获得怎样的口碑。

客户满意是每一个企业的最终目标。但是，由于现在有些消费者极具情绪化，对产品和服务的挑剔达到了一种近乎严苛的地步，抱怨随时都有可能发生。

客户的抱怨，一般来说集中在以下三点：

1. 服务人员的态度

这是造成客户抱怨的最普遍的原因。据美国管理协会（AMA）所做的一项调查显示，有68%的企业失去客户的原因就是服务的态度不好。在实际的交易中，不仅只是物物交换，人的感情也在其中起到很重要的作用。作为客户服务人员，其态度是对消费者情绪最大的影响因素。没有人愿意在花钱买东西的时候面对着一张死气沉沉的面孔，甚至听到一些冷言冷语。"态度不好"也因此成为客户抱怨榜单的榜首。

2. 客户对产品不满意

优质的产品是消费者是否满意的直接因素，毕竟消费者就是奔着产品来的。消费者对一次购买过程满不满意首先就取决于对购买的产品满不满意。一般而言，消费者对于产品的满意度主要体现在两个方面：一方面，消费者能否以合适的价格顺利买到质量合格的产品，这是其对产品是否满意的主要判断标准；另一方面，即使价格没有问题，但是消费者在使用的时候，发现产品达不到自己的预期，同样会对产品产生不满的情绪。

3. 虚假信息

有的企业在对外宣传产品的时候，为了获得好的销量就夸大产品的价值和功能、不合实际地美化产品。这样做的后果是非常严重的，轻者会引起消费者的抱怨，重者甚至有可能涉嫌违法。因此，这种营销方法是万万要不得的。

> 某著名影星曾经代言了某品牌化妆品。这款化妆品声称原料是纯天然的，美容效果极佳，但是却被国家质量总局查出了含有违禁物质，这位影星和这家公司的公众形象都受到了严重的影响。不但如此，影星还因此被消费者一纸诉状告上了法庭。

某品牌化妆品因为传播了虚假的信息，除了受到消费者的抵制之外，还涉及违法，这必将对该品牌的口碑产生极大的消极影响。由此看出，在口碑营销中，企业一定要对虚假信息的破坏力和传播性有一定的认识。

针对这些原因，企业在处理消费者的抱怨的时候，要格外谨慎，要注意三点原则（如图4-6）：

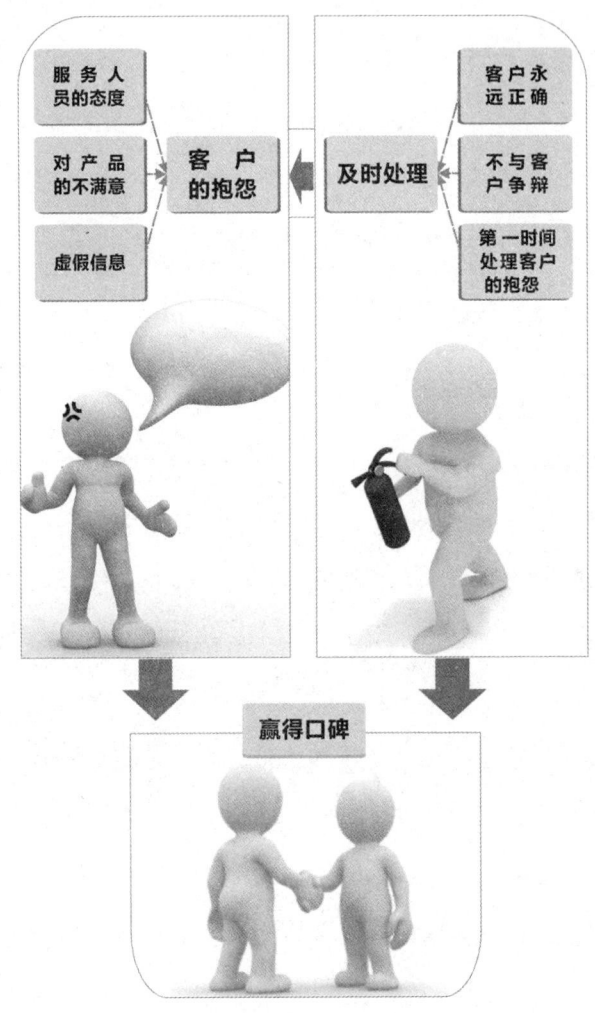

图4-6 及时处理客户的抱怨,从而赢得良好口碑

1. 客户永远正确

这是一项很重要的原则,只有确立"客户永远正确"的原则,才能心平气和地处理客户的抱怨。有抱怨,说明客户对企业还有期望,所以不应该灰心。客户完全可以通过消费者协会等部门来解决问题。

2. 不与客户争辩

就算是客户存在失误，也不能和客户争辩，心中要存有这种观念：客户是上帝，他们的一切都是正确的。即使是客户在与企业的沟通过程中存在误解，也不能与客户进行争辩。因为这个时候的客户往往是带着情绪的，一味地与客户争辩只能让事情变得更加复杂，使客户更加情绪化，导致事情恶化，结果赢了争辩却失去了这个客户，甚至失去了口碑。

合理的方法就是等客户气消了以后，用客户能够接受的方式去向客户说明。

3. 第一时间处理客户的抱怨

对于客户的抱怨，一定要第一时间去处理，这样既能够表现出企业遇事反应迅速，又能够在客户的面前表现出自己的诚意。拖延时间只会让客户的抱怨越来越强烈，使客户认为自己没有受到足够的重视，使客户对企业的不满意程度急剧上升。

同时，在对客户的抱怨做出最快反应的同时也要表现出高效率，通过向客户耐心的解释表现出专业性，这就会给客户留下极好的印象，赢得好口碑。

无论怎样，对于客户的抱怨一定要用专业的态度、优质的服务去面对。因为这对于良好口碑的形成极其重要，只有把客户的抱怨处理好，消费者才愿意宣传你的产品和品牌，口碑营销的目的才能最终达到。

No. 7 在细节处打动客户

俗话说"细节决定成败",这句话对于网络口碑营销来说同样适用。只有每一个细节都做到完美无缺,客户才愿意信任你。"差之毫厘,失之千里"。一个小小的细节有时候甚至会导致最后的失败。

企业要想获得良好的口碑,就必须更加注重细节。否则,哪怕是一件极其细微的事情都有可能造成很大的口碑危机。企业只有完善好细节方能在细节上取胜。很多优秀的企业,如拜耳、铁三角、可口可乐等都把细节做到了极致,并因此获得了良好的口碑。相反,那些不注重细节的企业很难得到消费者的好评。

在企业打造细节的时候,一定要从多个角度出发,这样才能把细节打造得完美无缺,最终打动消费者并获得良好的口碑(如图4-7)。

1. 产品中的细节

与消费者一起分享生产过程中的每一个细节,让消费者看到企业对他们的尊重,同时也可以让消费者对产品和品牌产生信任,从而打消消费者的顾虑,赢得口碑。

2013年,伊利集团开展了"伊利工厂开放之旅"的全年品牌

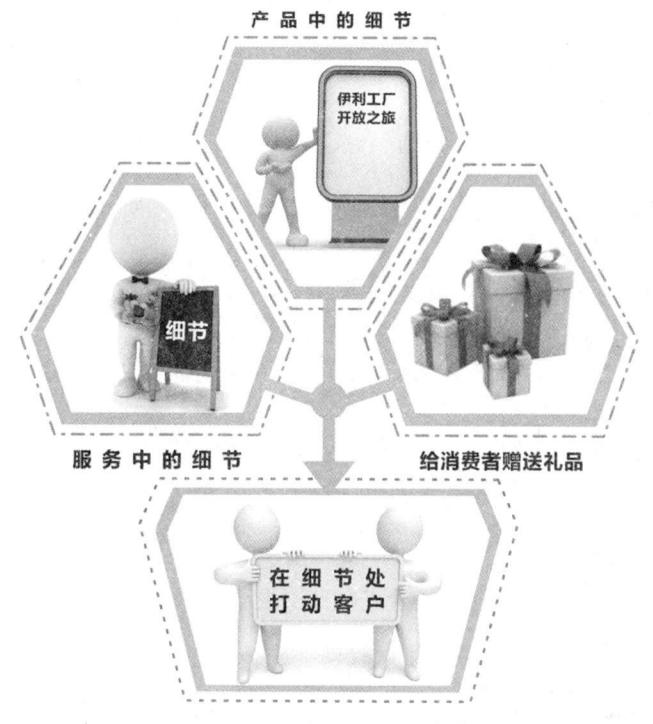

图 4-7 从多角度体现细节

活动。这是从 2005 年的参观伊利工厂活动开始连续第八年举办类似的活动了。从 2005 年到 2013 年八年的时间里，已经约有 540 万名消费者参与了此活动。在活动中，伊利集团向消费者充分展示了其工作热情和社会责任。同时，伊利集团让消费者亲眼看到生产过程中的每一个细节，从而让消费者更加放心。最终，这个活动为伊利带来了很好的口碑，很多消费者都因此而选择了伊利的产品。

伊利集团利用消费者参观工厂的活动，让消费者看到自己对产品细节的严格把控，最终获得良好的口碑，可以说是一次非常成功的口碑营销。

2. 服务中的细节

总体来说，可以把服务分成三类：售前服务、售中服务和售后服务。售前服务中需要注意自己的表情、着装等是否到位，自己的态度是否良好，为消费者介绍产品的时候是否真诚；售中服务则着重于消费者的体验，在消费者进行消费的时候，要尽可能地帮助消费者，使自己的各个方面都做到完美无缺；最重要的就是售后服务，企业服务人员需要定期地通过各种渠道向消费者询问产品的使用情况，在遇到问题的时候及时维修等，在这些过程中都需要注意的服务细节。

还有就是对一些特殊情况，服务人员也需要用一颗真诚的心去面对。比如对待老年人就问问他健康情况，或者搀扶一下。这样更有利于获得消费者的信任，从而获得很好的品牌口碑。

良治洗之朗曾经在免费的产品安装服务中，执行传统空调行业的"不负责安装插座，以免引起不必要的纠纷"的服务标准，但在用户体验座谈中，洗之朗客服中心发现用户对这一服务标准意见颇大，很多用户只能自己通过在卫生间引电线插座的方式实现产品通电使用，用户体验非常不好。

为此，洗之朗客服中心立即调整这一服务标准，投入大量服务成本和力量，免费上门进行排查和修正；同时，打出报纸广告，标题是"洗之朗向用户鞠躬道歉"。此举立即得到用户的强烈反映和市场反响，赢得良好口碑。

3. 赠送礼品的细节

通过赠送礼品等方式，企业可以让消费者得到实惠后向朋友宣传其产品的口碑，这也是通过关注细节而获得良好口碑的方式之一。通过这种方式，可以让消费者更感受到商家的诚意。

而对赠送礼品而言，又可以分成有形产品和无形产品。通常情况下，有形产品就是指赠送产品、广告等实体，而无形产品则是指赠送信息、服务等无形物品。当然，无论是赠送何种礼品，都是为了获得消费者的口碑。通过建立消费者的口碑，从而提升产品的知名度，实现产品销量的增加。

赠送礼品必须配合自己的产品，比如在很多超市里，当方便面进行促销的时候会送配合方便面面饼的碗，这就考虑到了消费者的使用细节，这就很容易受到消费者的喜爱。其他的产品比如卖手机送充电宝、卖游戏机送游戏卡，这些都能体现出商家对消费者的考虑，容易产生很好的口碑效应。

在赠送礼品的时候，也需要关注一下细节。比如让消费者感受到礼品是企业精心挑选的、对领赠品的消费者依然能够有很好的态度。

洗之朗给消费者赠送的礼品只有两种：

一种是特殊订制的高品质的浴巾，厚度和尺寸都是市面上极少见的，用户拿到这样的礼品会发出这样的感叹：这么高质量的浴巾，没见过！

另外一种是洗之朗的专利产品——"家庭资产票据收纳夹"，这个票夹分"家居类"和"家电类"两册，收纳在一个大匣子中，像一本大相册，每册都有类别分类，每个单品中又把"说明书""发票""保修卡"分类醒目存放。对于对家庭资产票据"平时难收拾，用时找不到"的用户来说，爱不释手。

惠普的创始人之一戴维·帕斯卡说过："小事成就大事，细节成就完美。"企业只有注重细节，尊重客户，才能让客户看到自己的诚意，才会愿意为其宣传口碑。

第五章

传播：说什么、如何说

对于口碑营销来说，传播的内容和方式是最为重要的一个环节。本章将从客户体验、口碑制造、免费信息、事件、故事、情感以及打造"意见领袖"、更新口碑话题等方面全方位介绍推动口碑营销成功的传播内容和方式。

No. 1
客户体验是传播的依据

对于一个企业来说,到底应该怎样制造好的口碑,并使好口碑广泛传播?客户体验是其中最重要的。据 2006 年加拿大咨询公司维德集团(Verde Group)的研究结果显示:从别人那里听说他人经历的糟糕的产品体验的人比那些亲身体验过这些产品的人更不可能去购买这件产品。由此可以看出,若是企业让消费者产生了不好的产品体验,一旦不能及时消除,就意味着这个消费者和周围的人都可能不会再购买该产品。与此相对应的是,好的客户体验也能够让消费者向周围的人传播,形成优秀品牌口碑。所以说,要想在消费者之中形成品牌和产品口碑,企业必须给消费者提供良好的客户体验。

著名的家具用品商宜家就是一家旨在为客户提供良好体验的企业。经过长时间的发展,宜家已经不仅仅是一个消费的场所,更是很多消费者精神的寄托。

宜家的服务理念就是"使购买家具成为快乐",它也确实始终贯彻这一服务理念。在宜家商场设有路线图,消费者可以按照提示逛宜家。这样不仅给人逛街一样的自由感觉,同时还能帮助消费者快速找到自己的目的地。

宜家商场通常都设在城郊地区，为了方便消费者，那里设有咖啡店、儿童活动区、快餐店等供消费者休息时使用。并且，这些休闲场所并不以营利为目的，食品和饮料的价格都很低廉（如图5-1）。

图5-1　宜家为客户提供良好体验

很多消费者其实最在乎的就是自己的体验，若是消费者的购买体验和产品使用体验都能达到或者超过消费者的预期，消费者就会对这个企业和品牌产生好感。而宜家所营造的这种情感氛围正是为了给消费者提供最好的体验，正是为了在消费者中形成口碑，让每一个去过宜家的消费者都能成为品牌口碑的制造者和宣传员。

除了购物体验，产品体验也很重要。只有质量过关的产品才能给产品制造好的产品体验。很多企业都会举办一些试用活动，其目的就是为了让消费者能主动体验其产品。在获得良好的产品体验之后，消费者就会对产品产生好感，从而传播良好的产品体验。这种产品体验经过快速传播，就会形成产品和品牌的口碑。

虽然很多企业希望给消费者带来好的体验，但是却无从着手，甚至事与愿违。要让消费者有好的体验，并传播这种体验，需要从两个方面着手：

1. 关注消费者需求

很多企业的营销方式都抓不住重点，比如盲目地大量投入广告、不切实际地做促销活动，与其这样做还不如关注消费者的需求，从消费者的需求出发。通过准确洞察消费者需求，企业就能在第一时间提供消费者所需要的产品和服务，从而给消费者提供很好的体验。

根据消费者的体验，企业就能积极引导消费者的口碑，最终实现口碑营销的积极效应，促进产品的最终消费。

2. 从口碑中获取好处

产品和品牌的口碑并非企业单方面就能够制造的，需要通过消费者对这个产品的体验而产生。比如若是有的消费者在使用了某产品之后有了不好的体验而进行负面口碑传播，企业即使下再大的功夫在宣传上也无济于事，因为口碑来源于消费者之中。当企业的宣传和体验相符合时，消费者就会不断地将企业优质的服务、过硬的质量传播出去，形成口碑。随着企业提供的产品和服务一直保持，就能形成一种很强大的口碑，短时间内很难被其他产品和品牌所取代。

企业若做到以上两个方面,就能给消费者提供良好的客户体验,并通过传播而形成很好的口碑。企业应该从现在开始就完善自身的产品和服务制度,创造良好的口碑条件,为提升企业形象和塑造企业良好口碑创造条件。

No. 2

善于制造以消费者为中心的口碑话题

在口碑营销中,把握消费者的需求,以消费者为中心制造口碑话题已经成为一种很重要的口碑传播方式。随着市场结构发生的巨大改变和很多消费者不断总结的消费经验,消费者心中的判断标准早已发生了很大的变化,在理性消费观念的基础上,感性消费变得越来越重要。从一定程度上来说,他们已经形成了一个以自我为中心的价值评价标准。

因此,为了迎合消费者的这种新的标准,口碑营销就需要密切围绕消费者的固有消费价值观,通过自身总结出核心价值和对产品竞争力的需求,制造以消费者为中心的口碑话题,并且以这种话题作为传播的信息,让自己的口碑能够得到更好的传播。

而以消费者为中心的口碑话题,一般都是与消费者的体验分不开的。口碑产生于消费者之中,只有消费者在对一个产品有了良好的体验之后,才会对产品有好感,才能去主动传播产品。因此,消费者体验是企业制造以消费者为中心话题的主要依据和内容。

  思科集团为了尊重消费者，提出了"顾客是首席执行官"的观点。其财务总监钱伯斯不断地给员工灌输这种观念，这也使得思科公司迅速获得消费者的喜爱。

  思科的一切制度都建立在"以顾客为中心"的原则上。很多时候，思科能够想到顾客想不到的地方，而顾客能够想到的地方它就会比顾客想到的要周全。钱伯斯每年都会用大量的时间会见顾客，倾听顾客的意见。他知道，只有顾客才知道市场到底需要什么样的产品，所以从顾客那里，钱伯斯获得了丰富的第一手材料，为他及时做出正确的决策提供了良好的基础。

  这些都为思科创造了很好的口碑。在很多地方，思科成为消费者心中最好的互联网解决方案公司。

案例中的思科公司很聪明地提出了"顾客是首席执行官"这一观点，不仅给公司的员工们看，同时也是给消费者看，让消费者知道思科是以消费者为中心在做产品。再加上思科 CEO 钱伯斯每年用大量时间会见消费者，这些都是以消费者为中心的口碑话题，这些话题由于与消费者紧密相关，所以在消费者之中传播得很快（如图 5-2）。

那么，普通企业该如何像思科一样制造以消费者为中心的口碑话题呢？可以通过以下几个方法做到：

1. 举办一些消费者体验活动

企业可以举办一些消费者体验活动，以此来建立以消费者为中心的话题。比如某手机游戏公司在设计了一个新的手机游戏之后，立即在网上举

图5-2 制造以消费者为中心的口碑话题需要三个方面

办免费下载的活动。手机用户可以在 Appstore 或者安卓市场免费下载，进行游戏体验，这样就制造了一个以消费者为中心的口碑话题。经过良好的游戏体验，消费者就会对这个游戏产生口碑，在互联网上传播。到时候，即使这个游戏需付费下载，很多消费者也会冲着它良好的口碑而去下载。

2. 根据消费者的喜好设计产品

三星公司是一个不断创新的公司，它的每一次创新都是为了让消费者获得更好的产品体验。比如三星公司根据不同手机用户的使用习惯而在它的手机 GALAXY NOTE 4 中加入了很多更加人性化的输入系统和办公软件，还有翻转接听等功能也都是为了给消费者更好的产品体验。

三星手机的这些人性化的功能成为很多消费者的口碑话题，凭借着这些出色的设计，三星手机赢得了很好的消费者口碑。企业在产品设计中只有更加注重消费者体验，才能制造话题，在网络中广泛传播。

3. 更让消费者接受的宣传

企业在宣传中也一样能够制造以消费者为中心的口碑话题。只是，宣传的重点必须紧贴消费者的需求。

丽珠得乐是一个胃药品牌。它曾经做过一系列以关怀男性为主题的广告，甚至以"其实，男人更需要关怀"为广告词来宣传自己的产品。它将治疗胃病与关注男性这一社会问题联系到了一起。这样做把握住了广大男性在意识中存在却无法准确表达出来的需求。所以，丽珠得乐一举赢得了广大男性顾客的追捧。

在这个例子中，丽珠得乐充分抓住了男性胃病患者的内心。这样，就会更加受到男性患者的关注和传播。

通过上面三个方法，企业就能够找到制造以消费者为中心的口碑话题，使产品和口碑能够快速深入到消费者心中。

No. 3
用免费信息引起消费者注意

"免费",几乎对所有的消费者都有不可抗拒的吸引力。利用"免费"的噱头来吸引消费者的眼球并促使自己的品牌口碑获得广泛传播也是营销中比较常用的手段。但是,并不是所有的免费信息都能引起消费者的注意,若是运用不当,很可能会在消费者群体中产生一些负面口碑。在实际的口碑营销中,用免费信息引起消费者注意应该考虑到一些细节,才能达到营销目的。

首先,免费信息必须是与自己产品的传播有一定的关系。比如你是销售化妆品的商家,你就必须在免费信息里提及本品牌的化妆品。在交易之后同品牌赠送一些试用装等免费产品是很好的措施。其次,免费信息要贴合消费者的实际情况,任何的免费信息都要在充分考察、确保消费者的喜好之后才能够进行。这样才能真正做到投其所好,"免费"到消费者的心里去。这样会让消费者感受到商家对自己尊重的基础上对商家的口碑营销内容更容易接受。最后,免费信息的投放一定要适度。对于免费的信息,投放太少的话造成的影响力有限,而投放太多的话不但成本太高,还会使消费者反感。因此,免费信息的投放也有一个适合的度,这样才能保证消费者能够对这个产品和品牌产生好感。

在遵循了上面的准则之后,就需要对用免费信息来做口碑营销的方法进行策划。一般来说有三个方法（如图5-3）。

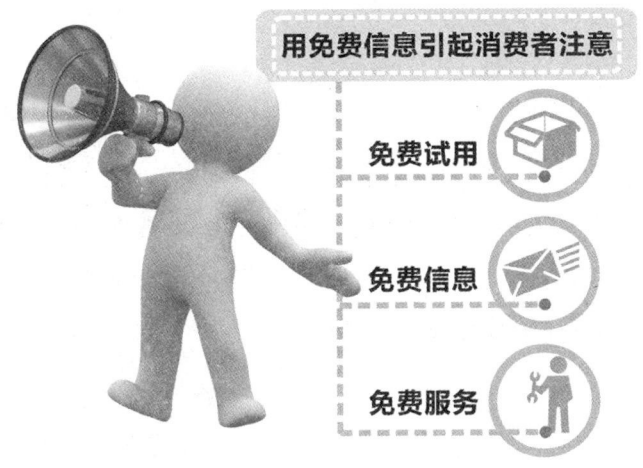

图5-3 免费信息包括三个部分

1. 免费试用

免费试用是最常见的免费信息之一，经常用于化妆品和食品行业。不花钱的东西往往更容易吸引消费者的关注。免费试用不仅使消费者在使用之后了解产品和品牌的价值，从而愿意花钱购买，更重要的是企业在进行免费试用活动的时候无形中吸引了大量人流，扩大了品牌影响力。

所以，企业在进行"免费试用"的时候，不要再担心"免费试用"所花费的成本，只需要关注活动所造成的口碑影响。当自己的产品和活动逐渐获得消费者的关注并不断扩大影响范围的时候，就会获得利润。

2. 免费信息

免费信息也是一个常见的利用"免费"的噱头来进行口碑营销的手段之一。随着信息的传递越来越容易，我们的微博、微信、QQ等都会收到大量免费信息。这些信息虽然表面上看起来是一些有意思的信息，实际上则是对产品和品牌的传播。

"免费信息"相对于很多的"收费信息"来说会得到更加有效的传播，因为很多消费者在获得这个信息之前对产品是一无所知的，在消费者真正接触到这些产品并了解到产品的功效的时候，才能真正辨别出这个产品的优劣。因此，对一个完全陌生的产品，消费者是不会花费任何时间和金钱去尝试的。这时候，"免费信息"起到了作用，它帮助产品顺利进入消费者的视线，并很快将信息传递给消费者。

总而言之，企业为了降低产品的宣传成本，并制造良好的口碑，提高产品的传播范围，利用"免费信息"是一种非常有效的方法。

3. 免费服务

所谓的免费服务就是指提供一些免费的增值服务，以此来塑造产品和品牌的口碑。比如消费者购买了某品牌的电脑，本身的保修期是三年，但是为了制造口碑，扩大影响范围，该品牌推出提供终身免费维修的服务。这种服务更加人性化，也更加受到消费者的喜爱。

这种免费增值服务的成本并不太高，但是却能吸引很多的消费者参与其中。在很多时候，消费者在享受到了这种免费的服务之后，就会对该品牌的服务更加满意，同时也更青睐该品牌。商家就可以利用这种免费的服务在消费者之间制造良好的口碑，从而使自己的品牌和产品获得广泛的推广。

企业通过做到以上三点，就能成功地利用免费信息吸引到消费者。再加上企业优秀的产品和优质的服务，很快就能在消费者之中产生很好的产品和品牌口碑，并在消费者之中广泛传播，使口碑营销顺利进行。

No. 4
一个事件就是一个口碑

很多企业在进行口碑传播的时候都会有这样的困惑：我到底传播什么才能获得消费者足够的关注和好感？当然，产品的促销信息和良好的消费者体验都是可以传播的内容，但这些归根结底都是促进销售的信息，只能在短时间内刺激消费。要想培养消费者对品牌的认知度和忠诚度，就需要把一些与产品有关的事件作为宣传的内容，从而让消费者更加深刻地了解品牌。

美好且给人留下记忆的事件总是能够为品牌带来深刻而生动的文化内涵。人们在看到或听到这个品牌的时候，总能不由自主地回忆起这个事件。若是这个事件具有很强的说服力和传奇色彩，就更容易让消费者产生较高的品牌忠诚度。

在很多的口碑营销中，企业都会不断寻求一些非常有名的事件来宣传自己的产品，从而为自己的产品赢得良好的口碑。

著名的乳制品企业蒙牛是一家非常善于通过事件来赢得口碑的企业。

2001年7月13日，北京申奥成功，蒙牛高层第一时间站出来表示：蒙牛集团将从2001年7月13日起到2008年奥运会结束时捐赠1 000万元以上人民币。同时，蒙牛还委托呼和浩特市人民政府向北京发出贺电，兑现助奥承诺。7月14日，中央人民广播电台播发了这一贺电，蒙牛成为申奥成功后第一个进入社会视线的企业。

2003年10月，"神舟五号"飞船成功发射，中国的载人航天事业取得了巨大的成就。蒙牛也以"航天员专用牛奶"的身份获得了各家媒体的注意。随着当时的"航天热"，蒙牛品牌迅速传遍了整个中国。

2004年，蒙牛又和湖南卫视合作主办了大众歌手选秀赛"超级女声"。通过"超级女声"比赛渐渐地红遍大江南北，蒙牛品牌也几乎到了人人皆知的程度（如图5-4）。

图5-4 蒙牛凭借各种热门事件宣传口碑

通过这些事件，蒙牛成为知名度很高、口碑很好的知名企业。其中，最重要的就是蒙牛总是能够成功地将品牌融入一些热门事件当中，打响自己品牌的知名度。当然，其他的企业也可以通过消费者比较容易接受的品牌事件，使自己的产品获得更广、更有意义的传播。

但是，在企业急切地利用事件给自己的产品和品牌做口碑营销的时候也要注意，一些消极事件同样会给产品带来口碑，不过这种口碑却是负面的。当然，企业如果处理得当，也可以利用消极事件扭转乾坤，为自己带来正面的口碑。

2008年，中国出现了一次非常严重的食品安全事件——中国奶制品污染事件。事件的起因是很多食用三鹿集团生产的奶粉的婴儿被发现患有肾结石，随后在其奶粉中发现化工原料三聚氰胺。中国国家质检总局公布对国内乳制品厂家生产的婴幼儿奶粉的三聚氰胺检验报告后，事件迅速恶化，包括伊利、蒙牛、光明、南山、圣元及雅士利在内的多个厂家的奶粉都检出三聚氰胺。这个事件直接导致了三鹿集团的破产，中国乳制品的声誉遭到了毁灭性的打击，很多国家开始禁止从中国进口乳制品。

直到2011年，这个恶性事件的影响还在继续，据中央电视台《每周质量报告》调查显示，仍有70%的中国消费者不敢购买国产奶粉。

可以说，这就是一些恶性事件对品牌带来的极大的负面影响。对于消费者来说，他们的神经有时候是很脆弱的。很多产品，特别是奶粉这种关乎婴儿健康的重要食品，消费者极其看重品牌的口碑，一旦某个事件导致品牌产生了消极口碑，这种影响是极为深远的。从长远的利益出发，企业不但要从源头上保证自己的产品质量和服务过关,还要有应对消极事件的机制,有效避免负面口碑的产生和传播。这样才能让品牌获得一个良好的口碑,并凭借这种好口碑获得消费者的信赖。

No. 5
好故事铸就好口碑

  1852年,法国皇帝拿破仑三世建立了法兰西第二帝国,改制共和称帝。次年,拿破仑三世与西班牙美女尤金妮·梦蒂戈坠入爱河。而他用来赢得尤金妮芳心的秘密武器就是被誉为"香水之王"的娇兰香水。就在拿破仑三世迎娶尤金妮为皇后的当天,他将一个包装精致的小盒子作为礼物送给了尤金妮。当盒子被打开之后,映入眼帘的是一个精致典雅的小瓶子。尤金妮稍微打开一点,便闻到一股沁人心脾的香味。这使得尤金妮皇后非常高兴,为此,她还亲自致函称赞娇兰香水公司的老板,并赐其娇兰(帝王)香水的称号。此后,娇兰香水名声大噪,成为上流社会的贵妇、小姐们的心爱之物。

  这就是娇兰香水的传奇故事,这个传奇故事给娇兰香水披上了一件华丽外衣,它的好口碑由此形成。这种好故事铸就的口碑影响力是巨大的,甚至连后来的肯尼迪家族都成为娇兰香水的忠实拥趸(如图5-5)。

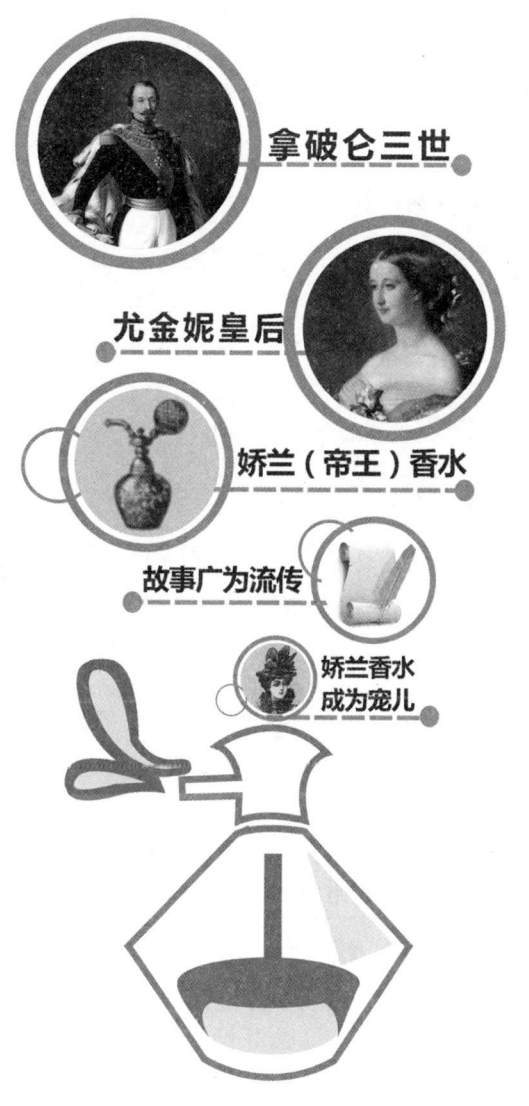

图5-5 娇兰香水的传奇故事

不可否认，用活动、促销、奖品等营销手段可以给自己的产品树立口碑，但是没有一种营销手段可以像一个好故事这样吸引更多的消费者。一个关于品牌的好故事更能打动人心，消费者能从故事中找到品牌种种优点，从而在感情的指使下选择这个品牌。

除此之外，消费者的评论总是比企业的叙述更加具有说服力。企业的服务目标群体是巨大的，若是能通过消费者口耳相传来传播发生在他们与企业之间的各种故事，也会引发群众效应而吸引更多的消费者，也就能在更大范围内传播关注者的口碑。

消费者在使用产品和服务的时候发生的故事是一个很好的建立口碑的方式，因为这种故事更能为其他消费者所接受，从而更加信任品牌。这类故事不需要是一件惊天动地的大事，只需要一件平凡的小事就行了。比如售后服务人员在法定节日期间，不远千里赶来为消费者解决问题的故事。这类故事更加贴近消费者，当然更能在消费者之间形成很好的口碑。

除了利用消费者和品牌之间的故事，企业还可以用关于合作伙伴、职员和其家庭的故事作为制造口碑的故事。

世界著名的芯片和通讯设备制造商摩托罗拉集团有一个非常感人的故事。

在美国的经济危机期间，工人们为了保住饭碗，即使生病都会向自己的上级隐瞒。摩托罗拉的一位采购员比尔·阿诺斯患上了牙疼病，他非常担心自己的上级会知道，于是拼命隐瞒，但是严重的病痛使他最终放下了工作，这件事情被时任摩托罗拉公司的总裁保罗·高尔文知道了。

高尔文看到阿诺斯如此痛苦，就对他说："你马上去看病，不要想工作的事，你的事我来想好了。"

阿诺斯做了手术。手术非常成功，但是他知道自己现在的收入是无力承担高额手术费的。而他却没有收到账单，他想一定是高尔文替他出的手术费。阿诺斯多次向高尔文求证，高尔文却说："你以后会知道的。"

过了几年,阿诺斯的生活有了极大的改善。有一次,他又找到了高尔文,要把手术费还给高尔文。高尔文却对他说:"你呀,不必这么关心这件事。忘了吧!伙计,好好干。"阿诺斯说:"我会干得很出色的,但我还是要还您的钱……是为了使您能帮助其他员工医好牙病……当然还有别的什么病。"高尔文说:"谢谢,我先代他们向你表示感谢!"

从这个故事中,消费者看到了摩托罗拉对于员工的关怀。他们会由这个故事得出结论:摩托罗拉是一个负责任、有良知、以人为本的企业。

这就是好故事的作用,好故事总能对消费者产生一定的影响,并能制造一个良好的口碑。对于一家企业,特别是比较知名的企业,消费者总是很好奇的,而企业恰恰可以抓住消费者的这个好奇心,通过对自己品牌、企业、产品的故事塑造来让消费者对自己的企业有一个全新的印象,并促进良性口碑的形成,然后再经过互联网等渠道进行传播,达成网络口碑营销的目的。

 No. 6

情感对产品口碑的作用

每个人都有情感,在对产品和品牌的好口碑进行传播的时候,若是加入一些感情色彩,就可以让产品和品牌获得更加有效的传播。"人非草木,孰能无情。"在这个信息泛滥的时代,带着感情的信息总能在各种已经让人烦躁的促销信息中得到消费者的青睐。

首先,网络口碑营销是口碑营销在信息时代的重大变革。这种营销方式若是加上情感的色彩就会更加容易被消费者接受。比如,现在市场上有很多的"80后"主题餐厅,餐厅按照老式教室的样子装饰,墙面上还有奖状和学生守则等,餐桌和椅子则是课桌椅。这种独特的风格吸引了很多的消费者前来就餐,而且其中就以"80后"青年居多。造成这种现象的根本原因就是这种餐厅抓住了"80后"青年的情感,打好了情感牌,才吸引了如此多的消费者,进而产生口碑、广泛传播。

其次,现代消费已经从"量的需求"阶段、"质的需求"阶段转向了"情感需求"阶段。情感,是人类共同行为的重要基因,很大程度上影响着人们的思想行为。随着消费的日益理性,将产品强制性推向市场的"硬"销售已失去了吸引力,取而代之的是与消费者沟通和互动的"软"的销售。这种独具魅力的将情感色彩注入营销中的方式,让人感觉到营销富有了人性化。企业通过与消费者心理的沟通和情感的交流,获得消费者的信赖与偏爱,从而扩大自己的品牌影响力。具体体现在口碑营销上,就是通过塑造良好企业形象,提供优质的人性化的服务来赢得顾客的广泛认同和赞誉,然后利用消费者的口碑宣传,把更多有关企业、产品以及服务的尝试、喜欢、购买和忠诚等传播出去。

益达是箭牌旗下的一个高端的口香糖品牌,它一直以一种时尚、健康的形象领导着国内的高级口香糖市场。益达曾经让中国消费者了解到口香糖不仅仅是清新口气的工具,还应成为保持口腔清洁的健康习惯。益达还率先在中国市场推出了木糖醇和无糖口香糖,让中国的市场与国际市场接轨。

除此之外,益达的每一次的营销宣传都非常到位地表现出一种情感诉求。2012年,益达的年度广告内容是一个男售货员主动要求帮女白领热夜宵,说明他工作细心、热情周到,而女白领为回报他良好的工作态度,买了一盒"益达口香糖"送给男售货员以示感谢,说明女白领珍惜别人的劳动成果,人与人之间的情感达成了一种默契。再后来男售货员开始喜欢上了这位"好心"的白领丽人,于是期盼着以后还能见到这位善良的姑娘。这个故事情节获得了很多年轻人的共鸣,特别是很晚才下班、去超市买东西的情节很容易引起这个群体的情感感触,而这个群体恰恰就是益达的目标客户。而这个广告中的台词"嗨!你的益达!""是你的益达!"更是成为年轻人中广泛传播的流行语。

益达通过对目标消费者的感情深入了解而打出的广告获得了消费者的口碑,成为一次非常成功的营销。其实,对于很多企业来说,如果能从消费者的情感出发,打感情牌,就很可能做出比益达的这次营销更加成功的口碑营销,而且成本更低(如图5-6)。

图5-6 益达打出"感情牌",赢得好口碑

但是，这种以情感为口碑营销的主要方式的方法也有一定的弊端。首先，这种营销方式必须对目标客户有一定的研究，否则就很有可能打错了感情牌，反而产生负面口碑，使前期口碑营销功亏一篑。比如益达木糖醇的消费群体是都市的年轻白领或者学生，益达就必须以他们的情感作为口碑营销的主要参考，若是以其他群体的情感作为参考依据，就很容易失败。除此之外，过于纠结于表现情感还有可能会让消费者觉得太矫情而对产品产生反感，因此，口碑营销中若想加入情感因素，还必须注意对度的把握。

No. 7

打造一个"意见领袖"

"意见领袖"是指在人际传播网络中经常为他人提供信息，同时对他人施加影响的"活跃分子"，他们在大众传播效果的形成过程中起着重要的中介或过滤的作用，对于一个话题的舆论拥有着很大的影响力。意见领袖一般颇具人格魅力，具有较强综合能力和较高的社会地位或被认同感，在社交场合比较活跃，与受其影响者同处一个团体并有共同爱好，通晓特定问题并乐于接受和传播相关信息。

在口碑营销中，"意见领袖"的作用同样是非常重要的，口碑营销希望通过"意见领袖"引导新产品新品牌的消费，或提升品牌的忠诚度。通常，口碑营销中的"意见领袖"存在于消费者群体中，他们的话语更有说服力和影响力。但是,"意见领袖"的选择绝不仅仅因其人气很高就可以,还必须满足两个条件:一是人际传播;二是可信度高。很多人把某产品的广告代言人当作产品的"意见领袖",这是错误的,因为广告代言人并不符合这个特点,因此,他并不是口碑营销中的"意见领袖"。企业直接用一些宣传手段来对消费者宣传被称为一级传播,"意见领袖"与群体成员之间的人际传播称为二级传播。可信度高正是口碑营销所倚重的,"意见领袖"对产品的评价有正面的,也有负面的,更客观公正(如图5-7)。

图5-7 "意见领袖"的重要性

通常情况下,"意见领袖"具有一些非常明显的特征。他们是专家或具备某种专业能力,因此获得群体中他人的信任;提前获得产品信息,公正地筛选、分析和评价这些信息,拥有知识权力;社会交际活跃,在群体中联系广泛;具有较高的社会经济地位,容易赢得消费者的尊重和信任;乐于创新和承担风险,愿意尝试新产品;与群体成员的价值观一致,可以成为他人模仿的对象。有的时候,当企业急于找到一个提升口碑营销效果的"意见领袖"时,也许并不容易,这时候,企业可以通过打造一个"意见领袖"来提升口碑营销的效果。

美国著名的卫生巾品牌高洁丝推出了一款 Kotext 的卫生巾,企业准备通过意见领袖在网络上推广这种卫生巾。

于是,高洁丝 Kotext 卫生巾找到社会化媒体平台 Pinterest 上具有影响力的 50 名女性,研究这 50 名女性中每一个人的 Pin(采集),就是他们所收集的图片和其他物品。之后,企业根据这些女性的爱好把她们所喜欢的东西都做成了实际的商品,放在了一个有明显 Kotext 特色的盒子里。这些女性若想得到这些盒子,就需要 Repin(转采集)这些盒子的图片。

为了得到这些盒子,这些女性中的意见领袖通过 Pinterest 等社会化媒体上传这些盒子的图片。由于这些女性本身就具有一定的影响力,很快,Kotext 卫生巾就被广大女性熟知,达到了高洁丝的营销目的。

在这个案例中,意见领袖的作用体现得非常明显。企业成功地让那些 Pinterest 上的意见领袖愿意为自己宣传 Kotext 卫生巾,这就使产品能够在意见领袖的帮助下快速被广大的女性消费者所熟知。可以说,这些意见领袖是经过高洁丝公司成功打造，才让口碑营销获得了如此好的效果。

在网络口碑营销中，"意见领袖"的作用是很明显的。企业只有打造好自己的"意见领袖"，才能引领舆论的方向，从而为自己的产品口碑造成很好的影响。

No. 8

让口碑话题不断更新的秘诀

对于口碑话题的不断更新是对口碑创意的不断深化和延伸的过程。只有搞清楚为什么一些好的口碑话题达不到预期的宣传目标的真实原因，才能针对弱势进行修正。要想让自己的口碑话题能够长时间流传，除了提供意外和选择新话题，还有一个方法就是让话题不断更新。

保持口碑话题的不断更新是很多企业之所以能够长时间保持一个好的口碑的重要原因。例如，肯德基在每一种产品被市场消化完，渐渐不受重视的时候，就会推出一个新品种或者一些优惠活动来让自己的口碑话题能够与时俱进，很多消费者就会重拾原来的品种并与新的品种加以比较，不断蔓延的新话题使肯德基能够在很长的时间内成为舆论的焦点。

但是，在对自己的口碑话题不断更新的时候，往往会受到很多不利因素的冲击。毕竟任何企业或者个人都不能保证话题能够控制在特定空间体系中进行传播。因此，必须要对不利的因素有一定的防范意识，并在问题产生前迅速解决掉。这需要大量的前期准备工作，才能在问题面前将负面影响降至最低。

话题本身是一个不断在缩减的因素，在没有外力援助的条件下，是不可能拥有很长的时效性的。而且，自我增值的功能对话题来说也是不可能的，因为其本身就是一个产品在市场上实现自我增值过程的产物，而一个产品的附属本身是不可能产生另一个产品的。所以，话题不是一种实质性的物质，因此肯定就会缺乏增值的功能，也就意味着话题本身没有自我完善的基础。所以，在市场的竞争中，只有不断地寻找新的因素才能让话题保持热度。而这些因素主要分成三个部分：市场趋向、市场主流以及人为认知（如图5-8）。

图5-8 口碑话题更新

1. 市场趋向

市场趋向主要是指市场的流向问题。随着科学技术的发展，产品的质量在不断提高，消费者对物质的需求不可能永远都停留在一个层次上，而是会不断上升。当这种需求矛盾在一定的层面上达到临界点的时候，一些消费者就会对产品感到不满，并以此来推动市场需求的形成。这个时候，商家和企业就会用一种新的概念去覆盖老产品的概念，让消费者对自己的产品产生新的认识，在短时间内将旧的市场格局打破并完成对产品市场的重新洗牌。

这就是话题产生的原因和过程，这个过程不断循环，就可以让产品的话题不断更新，从而使消费者对产品不断保持关注。但是，从过程上看，外力支援是不可能把一个话题的传播延续到下一个周期，而维持这个话题的持续性更是一个错误。在一个话题时效性逐渐丧失的时候，企业最好的办法就是找到一个新的话题来取代原有话题。

2. 市场主流

市场主流是指在大洗牌之后出现的新型产品取代旧有产品的过程。当市场上一个旧型产品逐渐不被消费者所接受的时候，其主流的市场地位也将不复存在。这个时候，口碑话题就面临着一次很重要的转型——是转型到新的方向还是在原有的基础上改进。话题的方向也要从初期的一味追求产品文化、品牌的宣传转移更新到产品的稳定性和质量上来，绝不能墨守成规，失去时效性。

在新的产品或者升级后的产品取代旧型产品的过程中，必须保证有新的口碑话题出现，才能保证口碑话题能够吸引到足够多的消费者。而这一新的口碑话题的决定必须要在产品逐渐转入低迷期的时候做出。

3. 人为认知

人类在接受一个新信息的时候，特别是自己比较感兴趣的信息的时候，大脑总是处于一种较为兴奋的状态。但是随后，大脑就会进入淡忘期，会自动过滤掉一些残余的垃圾信息，这就使得很多信息失去本来的完整性，甚至被完全淡忘。这个时候，新的信息就成了必需。因此，企业在做口碑营销的时候必须制造口碑话题以使人们能够再次回忆起这个话题，这样才能保证消费者在很长一段时间内对这个口碑话题保持一个完整的记忆，延长这个话题的时效性。

No.9
增加互动活动，提高消费者的参与度

　　信息传递往往具有双向性。这个双向性指两个方向：一个方向是指信息的传播者通过自己的体验向接受者传递信息，并说出自己对这一信息的看法；而另一个方向则是信息的接受者对传播者的信息进行分析后得出一个评价，进而传递回信息的传播者。比如一个人向自己的朋友推荐某家饭店，会谈及菜式、环境、氛围，给出自己的评价，而有过同样消费经历的朋友可能会说出自己的看法，观察的角度不同感知也不同。信息在沟通中得到了更客观、公正的筛选。而这两个方面都离不开信息传播者和接受者之间的互动。口碑营销同样是一个信息传播的过程，只是传播者变成了企业，接受者变成了消费者而已。在这个过程中，当然也需要很多的互动活动，才能使自己的口碑得以更广泛的传播。而企业和消费者之间最好的互动，就是通过企业举办的一些互动活动。

　　2014年4月，肯德基举办了一个主题为"谁是超强星卖家，

由你赞出来"的活动,旨在通过和广大消费者的互动来提升自己产品的影响力。肯德基邀请了陈晓、张亮、柯震东和吴莫愁这四位当红的明星来担任"肯德基超强星卖家",他们各自代表肯德基的一种食品。通过网上的点赞活动,最终评出最具人气的食品来全力推销。同时,为了吸引消费者的参与,肯德基还准备了包括 iPhone 5c、qq 红钻、新浪微博会员等很多奖品。

由于活动丰厚的礼品和四位明星超强的人气,这次活动吸引了数以万计的消费者参与。在家中、办公室里、公交车上、地铁里、餐厅里……任何地方都能看到消费者拿着手机在为自己喜欢的明星点赞。肯德基的这次活动获得了非常大的成功。

这就是很典型的一次企业和消费者互动的例子。肯德基利用明星的人气吸引消费者参与到互动活动中来。在活动中,肯德基达到了三个目的。其一,它推广了自己的拳头产品,让消费者认识了新品,从而获得良好的口碑;其二,通过这次点赞活动,肯德基知道了自己产品中人气较低的产品,就可以通过一些手段来提升其人气,以此提高口碑;其三,肯德基也利用明星的影响力让自己的口碑得到了很好的传播(如图 5-9)。

在互联网上,消息传播得更为迅速,互动活动吸引的参加人数也会更多。肯德基的案例中,其使用了网络"点赞"的方式来进行活动,这样就能吸引更多消费者的注意和参与。

而要想在口碑营销中互动活动的效果达到最好,还要注意几个问题。首先,要让自己的活动与时俱进,富有创意。在口碑营销中,特别是在互联网上进行口碑营销,各种信息充斥着人们的眼球。若是自己的互动活动没有什么新意,消费者是不会愿意参加这样的活动的。其次,要准确定位自己的目标客户。肯德基的目标客户是年轻白领或者学生,所以肯德基用

图5-9 肯德基"谁是超强星卖家,由你赞出来"活动

这个群体都很喜欢的娱乐明星作为活动的代言人,获得了消费者的青睐。其他品牌也是一样,在对自己的目标客户有一个准确的定位,才能够让自己的活动更有可行性,自己的目标客户才会参与自己的活动。最后,还要结合自己的实际情况和市场的客观要求。对于很多产品来说,市场已经饱和,这时候无论举办什么样的活动都不会吸引消费者的眼球。只有结合实际情况和市场需求,着重于推广一些有市场、有潜力的产品,才会吸引消费者的热衷参与。

第六章

平台：网络时代，口碑通过什么说

　　身处互联网时代，企业当然要利用互联网这一重要、快捷的渠道来实现品牌的口碑效应。通过论坛、微博、微信和企业官网等网络平台，企业的口碑营销活动就可以如鱼得水，获得最广泛的传播。在这一章中，我们就一起探讨在各个网络平台中，口碑营销应该如何发挥它神奇的魔力。

借用论坛进行口碑营销

论坛,全称为 Bulletin Board System(电子公告板)或者 Bulletin Board Service(公告板服务),简称 BBS,是一种电子信息服务系统。在论坛,人们可以自由发帖、回复,表达自己的看法。在网络口碑营销中,借用论坛来打响自己的口碑是非常常见,也是非常有效的口碑营销方式。

就目前而言,中国互联网上的 BBS 网站数量已经突破百万,位居全球之首。在这超过百万的论坛中,有的是大型门户网站的附属网站(如百度贴吧),但是大多数还是具有较强专业性且受众具有一定相似性的论坛。这些论坛的浏览人群一般都是某个领域内的专业人士或者爱好者,因此,这也就决定了论坛具有针对性更强的特性。

据有关调查结果显示,接近一半的论坛用户会在博客或者其他的论坛中发表自己的看法,或者通过其他的方式参与到信息的交流中来,人数接近美国的两倍。也就是说,中国的网民更喜欢在逛完论坛之后通过各种途径来宣传自己在论坛中的心得感受。因此,可以预见企业利用论坛进行口碑营销会产生巨大的口碑效应。

而在企业利用论坛进行口碑营销的时候,抓住网民的心是非常重要的。因为只有紧紧抓住消费者的心,才能对消费者进行心理暗示,最终使其自愿成为企业的口碑传播员。

2007年6月，三星公司针对新上市的U608手机做了一次网络论坛口碑营销，获得了非常好的效果。

首先，三星公司将U608手机图片通过发帖的方式发到各个手机专业论坛，强有冲击力的视觉感受大大激发了网友的购买欲望。通过在论坛上贴出"超炫三星U608全图详解"、"新机谍报绝对真实三星新机U608抢先曝光"两篇图文并茂的新品曝光的文章，吸引了大量网友的眼球。

后来，这两篇文章被传播至30多个论坛，其中部分论坛以置顶的方式在网络社区进行传播。营销人员通过网友的互动和反馈，进行有针对性的话题引导，并持续保持着与意见领袖的沟通，让口碑话题持续地更新，使影响力更加深远。

最终，三星U608在为期两个月的社区论坛口碑营销中，两个帖子的总点击次数达到了近60 000次，回复近800次。置顶期内与"新机谍报绝对真实三星新机U608抢先曝光"相同标题的搜索结果1 610篇，转帖量是发帖量的53倍；与"超炫三星U608全图详解"相同标题的搜索结果2 290篇，转帖量是发帖量的76倍。三星的这次口碑营销获得了极大的成功。

从三星的这次成功的论坛口碑营销可以看出，论坛口碑营销主要分为三个阶段（如图6-1）：

第一阶段：选择专业的论坛

论坛的选择是很重要的，若是选错了论坛，即使内容再好也会无人问津。比如三星公司宣传新手机，应该选择专业的手机论坛，比如机锋论坛或者百度贴吧里的三星吧，若是在化妆品论坛里发这个帖子就只能是石沉

图 6-1 借用论坛进行口碑营销"三步走"

大海无人问津。所以,必须选择适合自己产品和品牌的论坛进行营销活动,才能使自己的产品和品牌的口碑获得较好的传播。

第二阶段:引导并更新话题

若仅仅是在某个论坛里发一个宣传的帖子,不保持更新和引导,那么这个帖子迟早也会沉。因为话题不是一个实质性的物质,它的保质期非常短,若是一段时间内没有对话题进行更新就很容易使网友丧失兴趣。同时,还要引导话题方向,使其不会受到负面口碑的影响。这也是非常重要的。

第三阶段:发挥"意见领袖"的作用

生活中消费者选择购买什么产品,可能会咨询那些对产品精通的"达人"们的意见,他们的意见将会大大促进消费者做出购买决策。所以,"意见领袖"的作用非常明显。三星的这次口碑营销活动就比较重视"意见领袖"对帖子的作用,通过对意见领袖的转载和评论,可以影响更多的网友,最终达到口碑营销的目的。

通过这三个阶段,产品的口碑就可以迅速在论坛中得以建立,并从论坛向互联网的各个平台蔓延,最终实现网络口碑营销的目的。

No. 2

信息时代的微博口碑营销

如今,微博已经成为人们生活中必不可少的一部分,无论是上班还是上学,人们都依靠它随时随地分享生活中的奇闻趣事。很多企业也开始纷纷入驻微博,使微博成为网络推广口碑营销的一个重要平台。

任何企业和产品都可以通过微博这一重要的网络平台来做网络口碑营销。目前中国的微博注册量已经位居世界第一,因此,微博口碑营销具有很强大的基数和潜力。很多企业和品牌已经利用微博营销收到了很好的效果。

2013年4月26日,赵薇导演的《致我们终将逝去的青春》(简称《致青春》)上映,上映当天就以4 650万元,打破了由《泰囧》保持的首日票房记录。最后,《致青春》以7.2亿元的票房完美收官。

《致青春》的成功与不断进行的微博口碑营销是分不开的。

在《致青春》还未上映，王菲演唱的主题曲《致青春》就已经通过电影的官方微博首发，凭借王菲的超高人气，转发量迅速突破6万次。之后，《致青春》官方又借力雅安地震事件来举行公益活动，提高自己的品牌形象。接着，《致青春》更是通过导演赵薇的朋友何炅、马云等各界大腕的微博来推广电影。与此同时，《致青春》的官方微博还不断地和粉丝互动，积累人气。最终，《致青春》通过微博做了很好的口碑营销，吸引了更多人前去观看电影，进而创造了首日票房4 650万元的记录（如图6－2）。

《致青春》通过不断地进行微博口碑营销，在电影没上映之前就积累了足够的人气，这也是该电影大获成功的一个重要原因。

图6－2 《致青春》利用微博产生口碑

一般来说,企业要根据自己产品和品牌的特性以及目标客户,通过四个方面来进行口碑营销。

1. 做好营销策划

做任何事情都要有计划,微博口碑营销也是一样。在平时更新微博的时候必须提前做好准备,否则既耗时间又浪费精力,还没有任何效果。做营销策划,一般要分"三步走":首先,要知道口碑营销的重点在哪里,并根据这个重点明确推广目标。其次,要确定口碑营销的形式,根据自己的产品和品牌来确定口碑营销形式。最后,需要对口碑营销持续推进,在通过微博对产品和品牌推广的同时,配以其他网络形式的营销,让活动被更多人知道,提高活动的影响力。

2. 塑造微博形象

微博的形象是非常重要的,一个好的微博形象才能吸引更多的网民来关注。微博的内容要具有很强的可读性和趣味性,其次,要通过各种途径来打造微博形象。很多名人的微博就是通过自己的微博形象而维持较高的人气,企业在利用微博做口碑推广的时候可以向他们借鉴经验。

> 姚晨被称为中国的"微博女王",她的微博吸引了很多的粉丝,其原因就在于姚晨非常善于塑造自己的微博形象。
>
> 首先,在微博中的姚晨比较善于互动,而且还热衷关注公众事件、慈善捐款和资助贫困儿童,这样也在无形当中为她加分不少。其次,很多人其实对明星的生活感到好奇,姚晨通过展示自己日常生活的细节和与粉丝的互动让粉丝看到一个有血有肉的明星。所以姚晨的微博给人的印象一直很好。

3. 内容要有特点和重点

要想让自己的微博能够在第一时间吸引住大家的眼球，内容一定要有煽动性，带有一定的号召力，或是结合目前的流行语。

在内容有特点的同时，还应该适时地突出自己的重点。微博内容一定要尽可能地多提一些企业相关产品，此外，还要控制一下发布频率，让企业微博每天能有十条左右的更新，不要使用自动更新的方式，而是人为选择一些较为活泼的话题进行更新。

4. 常与粉丝互动

在做微博口碑营销的时候，一定要注意和粉丝之间的互动，这是增加粉丝对自己依赖性的一个很重要的方法。保持与粉丝互动能够最大限度地保持粉丝对自己微博的热情，同时，也能吸引更多的粉丝参与其中，最终实现微博口碑营销的效果。

具体做法就是要不定期地对粉丝的留言进行回复，或者主动举办一些活动来吸引粉丝。这些都是很好的互动方式。

No. 3
大众化的微信口碑营销

微信是腾讯公司于 2011 年 1 月 21 日推出的一款通过互联网快速发送语音短信、视频、文字、图片，支持多人群聊的手机免费 APP 软件。同时，由于此软件还能够通过漂流瓶、摇一摇、二维码、朋友圈和附近的人等方式进行社交活动，吸引了很多的用户。到2012年9月17日，微信注册用户已经超过2亿人。

在微信上进行口碑营销，更加快捷方便，而且成本非常低廉，这也为口碑创造了一个新的传播方式，也为口碑营销带来新的机遇。与其他的网络口碑营销方式不同的是，微信口碑营销的途径更加多样化，针对性更强。而且，微信口碑营销的成功率也很高，风险也相对较小。可以说，微信是一个非常好的口碑营销平台。

在微信口碑营销中，最常使用的就是通过社交功能来对自己产品和品牌的口碑进行宣传（如图6-3）。

图6-3 微信的四大功能

1. 漂流瓶

漂流瓶是指将信息放进漂流瓶中，用户主动捞起即可获得。这种方法简单、方便，但是针对性并不强，而且极可能因为自身知名度不够而引起一些微信用户对产品和品牌的厌恶。所以，要利用漂流瓶进行口碑营销，最好是企业的知名度和品牌美誉度都较高，最重要的是活动奖品具有绝对的吸引力。

2012年12月6日，奇瑞对外投放了共计30 000个漂流瓶，关注其官方微博号，就有机会获得包括iPhone 5手机、手机充值卡在内的多种精美礼品。凡是在漂流瓶的应用中捞到奇瑞的"感恩四千万，新春聚划算"抽奖活动介绍的微信用户，通过提示回复信息，并加奇瑞官方微信为好友就可以有机会获得30元的手机充值卡。

除此之外，瓶子里还包含了奇瑞促销口号的1/3。若是有3个网友收到的漂流瓶中的关键字刚好能组成"奇瑞，感恩四千万，新春聚划算"的宣传语，互相通过网络或者微信的方式联系上之后，拼字成功，并向官方微信发送聊天截图，则可以每人获得一部iPhone 5手机。

虽然利用漂流瓶传播口碑针对性不强，但是只要适时地加入一些奖励性的活动，还是能收到不错的效果。

2. 摇一摇

摇一摇是微信推出的一种随机交友应用，通过摇晃手机就能够匹配到同一时间触发该功能的微信用户。这种新鲜的方式极大地丰富和拓展了人际关系平台。由于很多微信用户都喜欢尝试这个有趣的功能，就为企业利用这个功能宣传自己的品牌口碑提供了契机。

2011年12月31日晚上，微信和百事可乐合作在广州举办了

"点亮广场塔"活动。新年倒计时的时候，微信邀请广州全城的微信用户在城市任何一个角落一同摇动手机，通过微信"摇一摇"的功能，成为"点灯者"。随着参与人员摇动次数的增加，广州塔被一格格地点亮了。

借助新年的契机，百事可乐借用微信摇一摇的功能让自己的品牌辨识度达到了一个巅峰。这次活动，对百事可乐的品牌口碑传播有着非常重要的意义。

3. 朋友圈

朋友圈是一个信息分享的平台。微信用户可以将手机应用、网站中的精彩内容快速地分享到朋友圈中，并支持以网页链接的形式打开。对于企业而言，这是一个非常重要的宣传平台。在这里，企业可以以图片、链接、视频的形式发出你想推广的产品的信息，从而使消费者看到自己的产品和品牌并传播。

4. 搜索附近的人

这是微信正式推出的LBS社交功能，通过这个功能，微信用户可以找到自己所在的地理位置附近开启此功能的人。也正是这个功能使得微信用户数量实现了大爆发。

由于这个功能在一定程度上使更多的陌生人强制性地看到"附近的自己"，因此企业通过这个功能推广自己的产品和品牌能够起到非常好的效果。企业可以在商圈、学校和展览馆等人口比较密集的地方利用微信的"附近的人"和向附近的人"打招呼"的功能，及时推送产品口碑，以引起微信用户的围观。

商家要把这几种功能紧密结合，从多方面出发，根据实际情况灵活应用，这样就能够利用微信这一大家都用的社交平台传播自己的口碑，使自己的产品口碑迅速地得以推广。

不能忽视的口碑网站力量

在互联网上，有很多介绍口碑的网站，这些网站致力于为消费者提供产品的口碑，给消费者提供更多的参考意见。在口碑营销中，这种口碑网站是一股不能忽略的力量。由于很多消费者都习惯在购买产品之前去口碑网站来看看哪个品牌和产品的口碑更好，因此企业通过口碑网站来做口碑营销有着更加深远的意义。

在口碑网站中，产品的口碑往往是消费者在真正体验了产品之后再把自己的真实体验信息放在口碑网上，再凭借着这些体验信息给该产品一个客观的分数。所以，由于信息的真实性和客观性，吸引了很多消费者愿意在这些网站上寻找自己要购买产品的口碑，并据此来决定自己是否购买这个产品。

其实，口碑网站的红火在一定程度上说明了消费者的消费习惯和方式逐渐趋于理性。也就是说，消费者在购买产品的时候越来越愿意参考别人的意见。而口碑网站正是一个很好的宣传自己产品和品牌的平台，而因为这些口碑网站上的信息更加客观，也更加具有专业性，所以，消费者也就更加信任这些口碑网站的信息。

在口碑网站上做口碑营销，虽然能够在一定程度上获得消费者的信任，但是也应该注意一些细节，使自己的口碑营销更加具有针对性，让自己的口碑宣传能够得到最大限度的推广（如图6-4）。

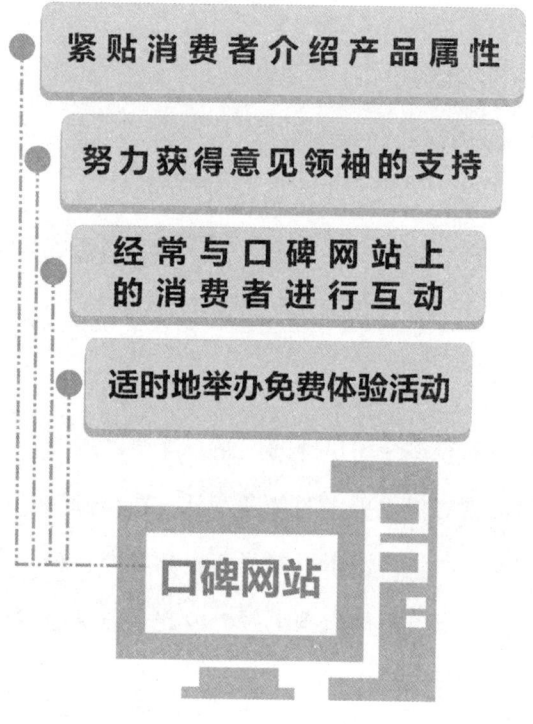

图6-4 在口碑网站上宣传自己的口碑

细节一：紧贴消费者介绍产品属性

浏览口碑网站的网民一般都是潜在消费者，他们正是最有可能购买产品的人。因此，描述产品属性的时候一定要尽可能地贴近消费者。比如一家生产掌上游戏机的企业，在描述自己产品的时候，需要让消费者知道这款掌上游戏机能够使他们获得怎样的游戏体验，同时也要对其他贴近消费者的功能进行描述，这样就能很快获得消费者的好感，他们就会自发地对这款产品进行宣传。

消费者始终是口碑营销中最核心的角色，所以，一定要注意一切都要从消费者出发。因此，介绍产品属性的时候贴近消费者，更有利于好口碑的快速形成。

细节二：努力获得"口碑领袖"的支持

在口碑网站中一定存在着一些"口碑领袖"。尤其在一些专业领域中，"口碑领袖"具有一定的权威性，他们的意见往往能够对网友产生较大影响。因此，在利用口碑网站来做口碑营销的时候，一定不能忽略"口碑领袖"的力量。在对产品和品牌进行口碑宣传的时候，适时地对一些"口碑领袖"给予一定的优待，他们就会对企业产生好感，从而利用自己的影响力来对口碑网站中的网络舆论施加影响，最终使网络舆论能够在很大程度上向着有利于自己的方向发展。

细节三：经常与口碑网站上的消费者进行互动

企业在口碑网站上经常主动与消费者进行互动有两大好处。

其一，在与消费者不断互动的过程中，能够凭借着消费者客观的眼光了解到自己产品的优缺点，然后就可以根据这些优缺点不断地对产品进行改进，最终让产品各方面更加趋于完美，消费者的口碑就会越来越好。

其二，消费者能够看到企业和商家对自己产品负责的态度和对消费者的尊重。对于消费者来说，他们除了对产品有一定要求之外，一个对自己尊重的商家也会得以信赖。通过与消费者的互动，消费者就会在心中默默地给商家加上"感情分"，这对口碑的建立和传播绝对是有百利而无一害的。

细节四：适时地举办免费体验活动

适时地举办免费体验活动同样能够吸引很多消费者前来体验。而参加免费试用的消费者将会成为口碑的第一批制造者和传播者,通过他们,品牌口碑就能够迅速在口碑网站上传播,最终形成一个很好的口碑在互联网上传播。

口碑网站是企业做口碑营销的一个很好的平台,这个平台更加专业而有意义。只要运用好这个平台,才会对产品的口碑营销起到决定性的作用。

No. 5

有效利用媒体的传播作用

媒体由电视台、电台、报纸、杂志等大众传播机构组成,在大众传播时代,媒体特指大众传播媒介。美国传奇人物巴纳姆曾主张"利用大众传播媒介引导舆论",这充分表明了大众传播媒介的作用。媒体如今已经成为最重要的信息传播工具,也是所有的信息传播工具中最有效的。因此,企业要想做好口碑营销,使自己的好口碑得到更加广泛的传播,绝对不可忽视媒体的作用。

而根据消费者对不同媒体的不同喜好,可以将利用媒体进行口碑营销分成两个部分。一种是直接通过媒体进行口碑营销,还有一种是通过事件等进行媒体报道间接进行口碑营销。

1. 直接通过媒体进行口碑营销

通过媒体直接进行口碑营销的方式其实就是做广告。广告就是对企业的产品形象进行一次最直接、最外露的表现,企业要追求的就是全社会的轰动效应。通过各个媒体投放自己的广告，能够在一定范围内造成很大的影响力。当然，对于企业来说，绝对不应该放过任何有可能的消费者。

比如，一个产品如果在央视上投放自己的广告，虽然会花费很高的成本，但是央视的广告本身就具有一定的特殊性，因为央视的广告能够给消费者带来一种信任感。因此，企业通过不同的媒体投放广告，也会给消费者带来不同的感受，进而产生不同的营销效果。当然，这并不是说所有的产品和品牌都应该在央视投放广告。如果你只是当地一家生意很不错的餐馆，却选择在央视投放广告，成本较高不说，效果恐怕也会差强人意，因为对目标受众的把握不准。当地有多少人会去吃饭呢？所以，通过媒体直接投放广告的，一定要有所针对性，做好营销策划。

2. 通过媒体间接进行口碑营销

除了直接利用广告来进行口碑营销之外，商家还可以利用一些事件来通过媒体进行口碑营销。这种方法也比较常见，比如某产品在国际上获得了什么大奖，被新闻报道，或者某品牌赞助了某大型活动被媒体报道，等等。这些都是通过媒体间接进行的口碑营销。当然，由于媒体对公众的影响力，通过媒体间接进行口碑营销的方式远不止于此。在2008年北京奥运会上，"李宁"就间接通过媒体做了一次成功的口碑营销。

2005年1月24日，阿迪达斯击败"李宁"成为北京2008年奥运会第七个合作伙伴。这就意味着北京2008年奥运会和残奥会的所有工作人员、志愿者、技术官员，以及北京2008年奥运会中国奥运代表团成员都将身穿印有阿迪达斯标志的服装。但是，"李宁"从另一方面和阿迪达斯竞争，同样取得了不错的效果。

2006年，"李宁"与CCTV奥运频道签约，为其所有的主持人、出境记者量身打造专业服饰。于是,在2008年的奥运报道中,人们看到的无论是前台的主持人还是现场的记者,都穿着带有醒目"李宁"标识的服装。而在奥运会期间,通过央视奥运频道收看奥运比赛的所有观众,也都将一次次透过屏幕一次次地看到"李宁"品牌的LOGO。这也让很多人误以为"李宁"才是奥运会的官方合作伙伴。

除此之外,再加上无数的中国人通过媒体看到了"李宁"品牌的创始人、曾经的体操王子李宁亲自点燃了2008年奥运会主火炬的历史性的时刻,对"李宁"品牌的好感更加强烈。"李宁"通过媒体和阿迪达斯打了一场很成功的口碑营销战。

"李宁"没有通过直接正面竞争,而是通过媒体给自己的产品和品牌做口碑营销,才击败了阿迪达斯成为2008年北京奥运会期间获益最大的体育品牌(如图6-5)。

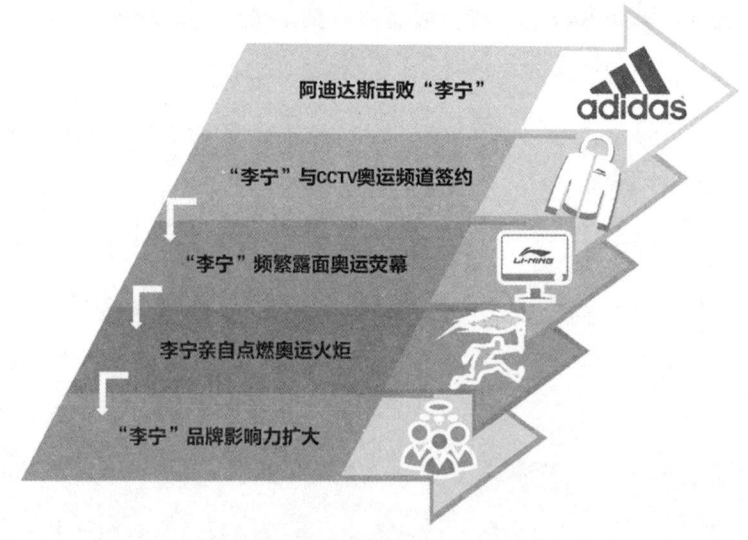

图6-5　"李宁"公司成功利用了媒体的作用

媒体作为一种受众最广泛的平台，企业必须要好好把握。通过对自己产品和目标客户的准确分析，企业就可以找到最适合的媒体进行口碑宣传。这样就可以让产品和品牌的知名度得到很大的提升，最终产生良好的口碑。

No. 6

利用企业网站直接向消费者进行传播

企业网站是企业在互联网上进行网络建设和形象宣传的一个平台。可以说，企业网站就像是企业在网络上的"名片"，这张"名片"不仅能够对企业及其品牌形象起到一个很好的宣传作用，还能够帮助企业进行口碑宣传。然而，在现实中，很多企业的官方网站关注率太低，缺乏对消费者的吸引力。一个企业的官方网站缺乏对消费者的吸引力，很难对企业及其品牌起到很好的宣传作用。

其实，要想让企业的网站更加具有吸引力，最主要的就是从消费者出发，找到他们所感兴趣的地方，从这里下手，建立自己的企业网站。这其中，首先要做的就是让自己的企业网站能够拥有三大功能（如图6-6）。

1. 能够准确介绍企业的基本信息

介绍企业的基本信息是企业网站最基本的宣传功能，主要包括企业的文化、产品、发展历史、规模、资本构成等最基本的企业信息。这样，消

图 6-6 企业网站的三大作用

费者就能够从中了解到企业。

同时,这也在一定程度上表达了企业对消费者的负责。因为这样不会对消费者形成误导,也能让消费者在最短的时间内了解到企业的信息。

2. 对自己的产品有详细的描述

这个功能是所有功能中最重要的。因为消费者需要的就是产品,所以在企业的网站上面必须要对产品做出详细描述,这样就会让消费者对企业有进一步的认识,知道企业能够为自己提供什么样的产品和服务。但是,对产品详细描述并不是把产品都一一陈列在企业网站上，那样会让消费者觉得眼花缭乱。企业应该选择一两种企业的拳头产品对其进行生动、详细的描述，使消费者更加轻松地获取企业的产品信息。

中粮集团是世界五百强企业，它的官方网站就对产品的详细描述非常到位。

中粮集团官方网站主要有四大板块，即"关于我们""我们的业务""我们的奉献""我们的责任"。在首页的右侧还有三个子栏目，即"自然之源""优质食品""品质生活"，这三个子栏目隶属于"我们的奉献"。

点击"自然之源"，出现的就是小麦、大米、食品贸易等中粮集团所涉及的领域。自然赋予人类生存的条件，人是自然中的一部分，自然界的资源正是中粮集团生存和生长的源泉。

点击"优质食品"这个子栏目，出现中粮集团所推出的食品、酒与饮料的产品介绍。在其中，中粮集团强调了产品均是"绿色食品"的噱头。

点击"品质生活"这个子栏目，中粮集团将自己企业旗下的保险、地产和酒店产业以一种为顾客着想的口吻表现出来。

中粮集团这种生动化的介绍企业所涉及的产品和服务，吸引了大量消费者的注意力。

3. 适当地介绍企业的公关信息

在企业网站上适当地介绍企业的公关信息，更有助于消费者接受企业的口碑。企业可以在自己的网站上发布一些与企业有关的正面新闻来使自己获得消费者的认同，比如赞助了某大型的社会活动、举办了某某公益活动，或者是推出了某某优秀产品获得了很好的销量等。

　　这个功能就像一个窗口一样，将自己最好的一面展示给了消费者，使自己的产品和品牌口碑得到最大限度的传播。

　　通过这三个功能，企业网站就能向消费者更好地宣传自己的口碑。当然，除了这三大功能，企业网站还应当适当增加一些体验功能和服务功能，丰富企业网站的内容，让企业网站更具吸引力。特别是在企业之间竞争空前激烈，市场接近饱和的情况下，企业更应当把握好企业网站这个宣传平台，利用好企业网站对企业及其品牌形象的宣传功效，提升企业及其品牌在消费者心目中的好感度和影响力。

第七章

误区：避开，这是"雷"

"千里之堤，毁于蚁穴。"企业树立起一个好口碑就像筑成一个"千里之堤"一样困难，但是有的时候只是一个小小的失误，就会制造一个"蚁穴"。看起来毫不起眼，却让本来很好的口碑土崩瓦解。因此，企业在通过各种渠道进行口碑营销的时候，一定要小心翼翼，避开这些"雷区"，使自己的好口碑能够一直保持下去，获得广泛的传播。

No. 1
高投放≠高回报

有很多企业认为,只要对口碑营销投入更多的成本并把信息通过各种媒介进行高频率的投放,就能够获得很好的回报,就能够为企业塑造良好的口碑并能够把好口碑给延续下去。

但是,这种理想的情况在现实中很难实现。因为虽然保持对口碑信息的高投放可以让更多的消费者看到企业的产品,但是消费者不一定就买账,愿意接受企业的产品和品牌的口碑并主动宣传(如图7-1)。其原因有以下几种:

图7-1 高投入容易发生的错误

1. 口碑宣传频率太高

很多企业以为，对产品和品牌通过各种平台作高密度的口碑传播是一个非常好的方法。但是事实并非如此，高密度的口碑宣传会让消费者感到十分厌倦。比如，无论消费者打开哪一个网站都会看见某品牌的推广广告，即使这个广告做得非常精美，也会对之产生审美疲劳，进而厌倦，从而对这个品牌产生反感。这肯定不符合口碑营销的初衷。

2. 口碑宣传的质量太差

口碑宣传的质量体现在很多方面。内容、投放平台、投放时间等都能够体现口碑宣传的质量。其中影响最大的就是口碑营销的内容。

在一些企业口碑营销的内容中，不仅充满了夸张、哗众取宠的段子，有时候甚至还有渲染暴力、色情和虚假信息的内容。这就很容易引起消费者的反感。在人人都提倡建立一个和谐、健康的网络环境的大背景下，这种质量低下的口碑宣传信息显然是与健康的互联网精神背道而驰的。因此，这种口碑宣传信息保持高投放只能增加消费者对其产品的厌恶程度。若内容过于夸张失实可能还会触碰到法律的红线。

3. 企业的定位错误

企业的定位错误主要体现在两个方面：一方面是指企业对产品的定位出现错误；另一方面是指企业对目标消费者的定位错误。

对产品的定位错误就会在口碑宣传的时候出现一些错误的言论。比如说某化妆品公司推出了一款去角质的产品，那么这个产品的定位就应该是使消费者的皮肤更加细腻、有光泽，在宣传的时候就绝不能出现"能够有效防晒"或者"抗皱"等这些与产品完全无关的言辞，否则会让消费者产生怀疑。

而对消费者的定位错误也是导致高投放的口碑宣传得不到很好效果的原因。因为对消费者的定位错误会直接使企业的宣传内容向另一个方向转化，导致真正的目标客户对企业的口碑宣传没有任何兴趣。这样，即使有较高的投放量也无济于事。

4. 口碑宣传方式错误

在口碑营销中，一旦宣传方式出现错误，就很难再获得消费者的好感了。因为口碑宣传的方式在很大程度上能够表现出企业对消费者的尊重。有的企业在进行口碑营销的时候不断地强调产品的好处，或者不断地叙述产品的属性，这种狂轰滥炸的宣传方式自然不会受到消费者的信赖。商家必须用一些比较温和，消费者容易接受的方式进行口碑宣传，这样才能使消费者更容易接受。

仅仅是对口碑信息的高投放，并不等于高回报。只有通过合适的投放频率和投放平台，并时时以消费者为中心，才能让自己的口碑得到最大限度的宣传。因此，企业在进行口碑营销的时候，必须避开"高投放就是高回报"的误区。

No. 2

虚假信息要不得

由于我国对互联网信息的监管制度还不够成熟，导致网络舆论环境较为混乱。有的企业为了达到口碑营销目的，就在网上大量发布不真实的

"水帖"和"枪帖",甚至出现了一批专门代发虚假信息的所谓"三千水军"和"五毛党"的公司。这种做法对整个消费市场的秩序和正常生活秩序产生了严重的破坏作用。

美国口碑营销协会成立了"道德委员会",专门监督企业进行诚信口碑营销。而且很多跨国公司的全球总部已明确规定,不得在网上匿名发布任何虚假的信息,并相应地制定了"网络口碑营销指南"。然而,在国内,由于网络口碑营销还处于一个起步阶段,直接导致了很多不负责任的企业使用一些虚假的信息来吸引消费者,以打响自己的口碑,给口碑营销的整体秩序带来了严重的挑战。

诚然,企业通过传播一些夸张失实的信息能够在短时间内聚集一些消费者的目光,能够快速达到口碑获得关注的目的,但是从长远来看,这种行为是很不可取的。因为在虚假信息的背后是对自己产品和品牌的市场潜力没有自信,同时也是对消费者的一种欺骗,甚至涉嫌违法,给企业造成不可挽回的严重后果。虚假信息的危害一般集中在以下几个方面(如图7-2)。

图7-2　虚假信息具有强大的危害性

1. 影响了口碑的正面作用

据调查统计,我国消费者中有85%的人认为大部分商品不像宣传得那样好,66%的人认为现阶段产品宣传需要解决的问题是失实性。这就是很多产品在做宣传的时候使用虚假信息所造成的严重后果。如今,这已经成为一种社会问题而受到广泛关注。在这个时候若企业还一意孤行,坚持使用虚假信息来博取消费者的眼球,进行口碑营销,无疑是对消费者的不负责任,也是对市场公平性的一种挑战。一旦虚假信息被查出,对企业名誉的打击将是毁灭性的。

2. 使消费者财产利益和人身利益受到侵害

2003年,6名通州的农民从电台里听到某公司关于种植食用仙人掌的口碑宣传后,分别与该公司的北京分公司签订了合同,由该公司以每株12元的价格供苗,待仙人掌成熟后回收。但到了收购期,该公司北京分公司却以资金紧张、没达到收购指标为由,拒收成熟的仙人掌,导致6名通州农民种植的仙人掌无处销售,种植土地也被荒废,遭受重大经济损失。

后来,6人将该公司告上法庭要求赔偿经济损失近30万元。2005年3月15日,中央电视台将这起在全国形成恶劣影响的"仙人掌坑农事件"曝光于众。据权威机构调查,该公司与各省市的仙人掌种植户签订了高达1亿多元的种植合同,这是一起震惊全国的传播虚假信息案。

俗话说,"顾客是上帝",但是,在这个案例中,人们看到的却是企业为了自己的利益,不惜损害消费者的财产利益和人身利益。这样做的结果就是企业会遭到消费者的谴责，最终不仅口碑没法形成，还会形成负面口碑，严重的时候会导致企业直接破产。

3. 潜在危害性

由于虚假信息更多的是通过网络进行传播，本身传播速度快，辐射面广，给市场经济的正常运行造成巨大的阻碍，对整个经济制度与经济秩序产生了极为不良的影响。从长远来看，要弥补一个负面口碑比创造一个正面口碑的成本要高得多。所以，企业在做口碑营销的时候一定不能使用虚假信息。

虚假信息的欺诈性使得公平合理、诚实信用的传统商业道德受到挑战，不法企业昧着良心赚黑心钱更有悖于社会公德，它的泛滥也为道德败坏提供了一定的载体。为了一个健康的市场，为了消费者，更为了企业自身，企业一定不能站在道德的对立面，绝对不能为了既得利益而铤而走险，否则就会为企业以后的危险埋下伏笔。

No. 3

网络口碑营销的各种因素联系要紧密

在网络口碑营销中，有很多因素都能决定此次口碑营销能否获得意料之中的成功，其中包括了消费者、商家、投放平台、产品介绍等。这些因素互相联系，互相发生作用，才能促成一次成功的口碑营销的完成。所以,在进行网络口碑营销的时候,必须做到各种因素之间联系紧密(如图7-3)。

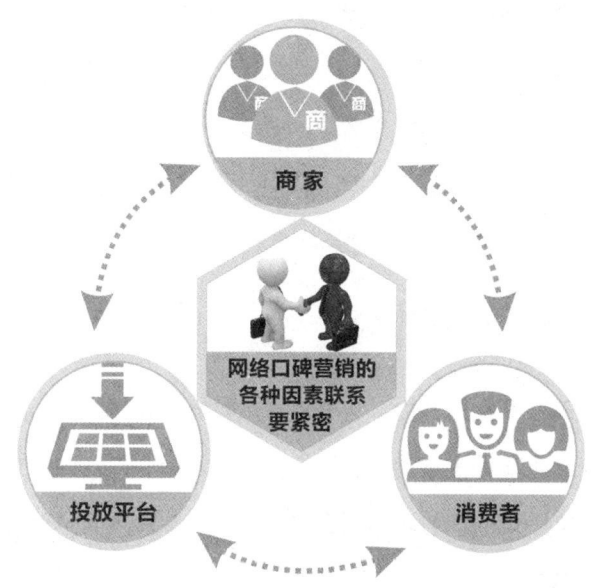

图7-3 口碑营销各因素之间的关系

事实上,很多商家在口碑营销的过程中并没有重视这一点,以致最终发现口碑营销收效甚微却找不到原因。所以,企业必须在进行口碑营销的时候注意各种因素之间的联系和作用以使口碑营销顺利进行。

1. 企业和消费者

企业和消费者之间的联系必须紧密。这样才能为企业带来直接的利益和良好的声誉,并让口碑形成广泛的传播。企业和消费者之间要架起一座沟通的桥梁,这样企业和消费者都能彼此了解,最后形成很好的合作。

所有的企业也许在某种程度上都有意或无意地忽视过其客户的需要。区别在于那些精明且蓬勃发展的企业能不断听取客户的意见,并针对这些意见采取行动。这样就为良好的消费者关系奠定了基础。在进行口碑营销的时候，企业应该始终把消费者放在最重要的位置，与消费者经常保持互动交流，使企业和消费者之间形成一种非常紧密的关系。这种紧密的关系很容易获得消费者的好感和信赖。

企业还可以通过优质的服务建立与消费者之间的紧密联系。在提供质量上乘的产品的同时再配以优质的服务，就能在消费者心中迅速形成好口碑。

2. 投放平台和消费者

选择一个合适的投放平台，才能让消费者看到自己的产品。例如，同样一个产品在央视和省级卫视在同一时间投放一样的广告，效果是不一样的。因为在央视播放的广告本身就给人一种权威的感觉，更加受消费者信任，传播范围也更广。

所谓合适的投放平台就是与消费者联系更紧密的平台。在实际生活中，企业通过官网做口碑营销的效果大不如利用新浪微博、微信等平台做口碑营销的效果，因为后者和消费者的关系更为紧密，所以营销效果更好。

3. 企业和投放平台

企业和投放平台之间联系紧密，主要体现于在投放平台上进行口碑营销的时候对营销内容进行持续的更新。消费者的心理是在不断变化的，因此口碑营销的内容也必须随着消费者心理的变化而变化，否则就很容易被消费者所淘汰。

那么，在这个时候企业就应该和投放平台保持紧密的联系。这样做的好处就是，一方面能从平台上获取自己需要的消费者的信息，使自己能够在消费者的心理变化的时候迅速适应消费者的这种变化；另一方面，企业可以随时对自己的口碑营销内容进行更新，让自己的产品能够紧随着时代的发展。

当然，除了这些之外，还有很多其他的因素之间的互相配合也很重要。决定网络口碑营销能否成功的因素非常多，不可能一一列举。但是营销人员要清楚，只有使这些因素很好地互相协调起来，紧密联系，一起发挥作用，口碑营销才能向自己期望的方向进行，否则，只能是竹篮打水一场空。

盲目模仿，适得其反

企业如果缺乏自己的独特观点，就会使产品或品牌失去自己的独到之处。而没有个性的产品和品牌，在今天的商场上是很难立足的。其实，不只是产品，营销方式也是一样，盲目的模仿只会让口碑营销朝着自己不愿意看到的方向发展。因为在一定程度上，消费者会认为原来的品牌已经占据了主导地位，即便后来者更优秀，也只是东施效颦。这样就导致了口碑营销的效果大打折扣。

其实，模仿别人的营销理念是没有问题的。很多伟大的创意都是靠模仿别家公司的方式得来的，即使是世界著名的创新公司苹果公司都承认自己抄袭过博世、索尼等著名公司的理念。但是，他们模仿的只是其他企业的成功经验和基本的理念。如果不问后果地盲目模仿，就只会适得其反。毕竟其他企业的成功口碑营销方式是根据他们的产品和品牌来制定的，这种方式可能很适合它们的产品、品牌和当时的市场环境。但是市场本身就是瞬息万变的，当时的市场环境和现在的市场环境已经有了很大的不同，更何况产品和品牌存在的不稳定因素也会导致盲目模仿来的口碑营销走向失败。

　　1997年，重庆企业奥妮公司推出了一种首乌洗发露，这种洗发露在中国市场一经面市就一炮而红，销售额达到了惊人的七八亿元。连国际日化用品巨头宝洁公司都对奥妮公司刮目相看，不得不有所防备。奥妮的成功深深刺激了广州的霸王公司的神经。他们认为如果能够研发出带有中草药的洗发露，把它拿到市场上来销售，肯定能获得很大的成功。

　　而华南研究所此时刚好研究出了一种中草药植物洗发液配方，经临床试验效果比奥妮公司的首乌洗发露还要好。霸王公司火速出高价买下了这个专利。公司创始人陈启源决定从产品的外包装到产品的营销方式全都按照奥妮公司的模式来做。

　　随后，霸王公司仿照奥妮公司的营销方式，在电视台等媒体上高密度地投放自己的产品广告，还在一些大型的商场门前搞一些"炒店"活动。陈启源对这次营销势在必得。

　　然而，结果却并不是想象中那么美好。1998年的东北市场，定位高品质、高价位的霸王洗发水难以取得消费者的青睐，销售举步维艰。一场以为可以出现灿烂美景的出击，却落得连广告投入也无法收回的败局。

在这个案例中，霸王公司就是忽略了客观市场环境而盲目模仿奥妮公司的营销模式，导致最终走向了失败。口碑营销一定要根据自己的实际情况，再结合目标客户群和当时的市场环境对营销方案做出周密的策划，切不可照搬别人的成功模式（如图7-4）。

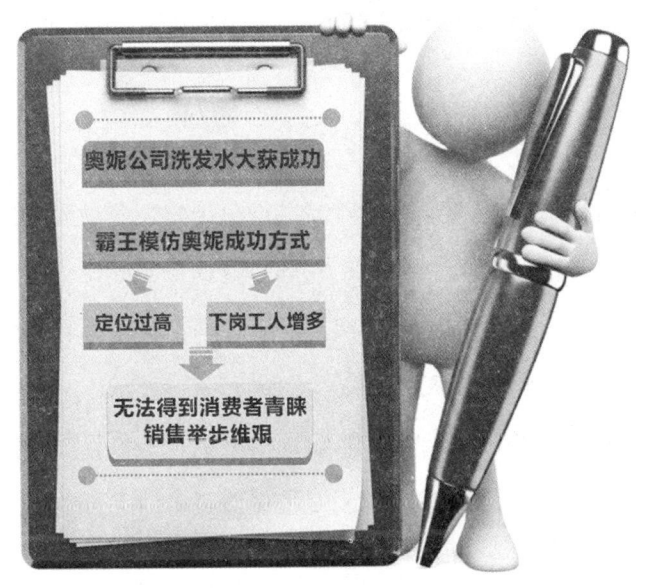

图7-4　霸王公司营销失利的原因

如果只是看到别人兴旺发达，就一味地去模仿，把自己企业的发展前景也定位在这里，那么，将会给企业带来严重的市场危机。

正确的做法是，在看到其他的口碑营销成功以后，仔细对别这次口碑营销进行分析，然后从中找到自己需要的。对于那些对自己企业而言并不是很适用的坚决不用，这样才能进行一次成功的口碑营销。而对于那些只知道一味模仿他人口碑营销的企业而言，由于没有考虑到很多的客观事实，最终只能使自己的产品和品牌的口碑得不到消费者的认可，使口碑营销的效果适得其反。

 No. 5

"品牌口碑"不能盲目塑造

现代市场经济社会环境下,企业品牌的口碑是企业最为宝贵的无形资产,也是最终决定企业发展的因素,它和企业的产品质量、售后服务等密切相关。如何塑造企业品牌形象,提高品牌知名度,给品牌塑造一个良好的口碑便成为企业必须重视的问题。

一些企业目光十分短浅,为追求眼前的利益,盲目跟随潮流,提出一些不利于企业快速平稳发展的战略,这种做法是十分不可取的。品牌形象的塑造,必须立足企业的实际情况,以自身资源、资金实力为依托,提出切实可行的营销方案。对于一家实力不足的小公司为了能够快速获得利益而把自己的品牌塑造成一个非常高端的形象,这种做法是不符合实际情况的,最终只能尝到失败的苦果。

如果企业盲目塑造自己的品牌,就会造成消费者对品牌形象的理解模糊不清,导致消费者因为不能接受而购买其他品牌的产品。即使消费者购买了自己品牌的产品,因为产品和品牌与企业极力塑造的品牌形象严重不符,最后甚至会产生负面口碑,对品牌的声誉造成非常消极的影响。

因此,企业在做口碑营销的时候,一定要避开对品牌口碑盲目塑造的误区,正确塑造自己的品牌口碑。有些大型企业为了正确塑造自己的品牌口碑,也为了抓住更多不同需求的消费者,会推出几个不同的子品牌,并对每一个子品牌进行定位，塑造子品牌的口碑。比如美国宝洁公司旗下最为典型的三个洗发水品牌，分别是海飞丝、飘柔和潘婷。宝洁公司对三个洗发品牌的定位就是海飞丝主打去屑，飘柔主打柔顺，而潘婷主打养护。通过对这三个品牌的定位和塑造，宝洁公司赢得了消费者的信赖和口碑。之后，宝洁公司推出的其他品牌同样获得了很好的口碑。

其他的企业也是一样，要避免对品牌口碑的盲目塑造，对品牌进行一个正确的定位是一个很好的方法。

在口碑营销中，对品牌进行科学定位时，必须考虑品牌本身的特点、目标消费群的特征以及企业的规模、技术水平和实力等相关因素。首先，可采取差异化策略进行定位，能够明显区别于其他品牌，突出品牌"个性"。其次，要充分发挥报纸、电视、广播、杂志等新闻媒体的宣传作用，开辟品牌战略专栏，大力开展品牌宣传。对于一些还处于创建初期的品牌，可以考虑适度贴牌生产，学习名牌产品的成功经验，经过一段时间的发展和积累之后，便可以突出自己的品牌，直至建立自己的品牌。

世界著名的智能手机生产商HTC（宏达电）自1997年成立以来，一直是以代工厂的身份为那些著名的企业生产手机。后来，经过多年的探索和实践，HTC决定将现有资源整合起来建立自己的智能手机品牌。同时，HTC把自己的品牌定位为世界前列的智能手机制造商。

HTC一直向着这个定位努力，后来它成为全球最大的windows mobile智能手机代工厂商，垄断了80%的市场份额。2006年，HTC已经成为美国《商业周刊》全球科技企业排名中名列第三的企业。之后，HTC公司更是和谷歌合作推出了Android手机，和苹果手机一起开启了手机的一个新的时代。

在这个案例中,HTC 通过对市场的认识和自信对品牌做了一个准确的定位,从而避开了盲目塑造的误区。最终通过不断的努力,HTC 获得了成功(如图 7-5)。

图 7-5　HTC 的发展历程

口碑是品牌的脸面,不能盲目塑造。企业需要根据当时市场的实际需求和对消费者的准确定位,为产品树立一个正确的口碑,这样方能避开对品牌口碑盲目塑造的误区。

第八章

借势：用他人的手托起好口碑

　　犹太经济学家威廉·利格逊曾经说过，资金、人才、技术、智慧都可以通过借贷来实现。在口碑营销中，"借贷"的智慧同样重要，企业可以借助媒体、事件和其他合适的资源，将口碑进行最好的推广。互联网上的资源可以说是极其丰富的，就看企业有没有一双慧眼，发现自己所需要的资源，从而借到"箭"，打赢和竞争对手之间的营销之战。

 No. 1

价格借势确立自己的优势

产品的价格是很多消费者选择商品时的头等参考条件。价格在很大程度上是产品实际价值的体现，因此受到消费者的重视。既然商品的价格如此受到消费者的重视，在口碑营销中，就可以借助与其他同类商品的价格对比来让自己产品的价格优势更加突出，从而获得消费者的青睐。

利用价格借势就是在保证质量的基础上让产品的价格比其他的同类产品低廉，这样就能够吸引更多的消费者。尤其是在新产品上市的时候，消费者总是第一时间关注价格更具优势的品牌。如果产品和竞争品牌的是同类产品，并且包装、质能、款式、品牌力都和竞争品牌在伯仲之间，但是价格比竞争品牌低，那么，紧贴着竞争品牌进行宣传能最直接突出价格优势。不要小看那张小小的价格标签，这往往是把消费者拉到自己旗下的最后机会。

2007年，南京第89届中国针棉织品交易会上，三利家纺企业引起了很多消费者的注意。三利是中国驰名商标、连续十年获得消费者信得过产品的老品牌。三利家纺借助"三利"这个平台，起点高，要求高，对家居用品定位了四大风格——新古典、新浪漫、新怀旧、新中式的新唯美家纺艺术。在很多方面，三利家纺已经具有了全国顶尖品牌的质量和实力。

但是，让很多人想不到的是，三利家纺的产品价格却没有定得太高，产品的终端定位也打破行内一致面向高端市场的格局，专门针对中端市场进行研发生产。三利家纺面向中端客户群，并不是说质量上要比那些面向高端市场的产品差，而是用高端的产品、中端的价格模式进行经营。对于很多消费者来说，只用中端的价格买一个高档的产品，这无疑是非常实惠的。三利家纺也因借了价格的势而成为该届"中针会"的明星品牌。

三利家纺巧妙地利用了价格上的借势，轻易地就让消费者成为品牌的"粉丝"（如图8-1）。

图8-1　三利家纺成为"中针会"明星产品

除了比同类商品价格低廉之外，提高产品的价格也是一种价格借势的方式。有的企业可能会有疑问，提高商品的价格怎么能获得很好的口碑营销效果呢？事实上，若是产品极富创意，或者附加价值极高，提高价格同样是一种借势价格的营销手段。比如苹果品牌的电脑和数码产品，它们都具有在同类产品中鹤立鸡群的价格，对于很多中产阶级消费者来说更是很难接受，但是依然有很多消费者对它们趋之若鹜，甚至不惜通过按揭的方式去购买苹果的产品。究其原因就是苹果的产品除了本身质量过硬之外，还具有很高的附加价值，所以消费者愿意花费更多的金钱去购买。

当然，用抬高价格的方式进行借势存在一定风险，一不小心就可能全盘皆输。所以，企业在使用这种方式进行借势营销的时候，首先要让自己的产品配得起这个价格，比如过硬的质量、新颖的设计、独特的功能等等。否则，只能受到消费者的漠视，更别说制造口碑、传播口碑了。

不管怎样，要借势其他产品的价格来给自己的产品做口碑营销，就要让自己产品的价格在同等产品中显得异军突起，吸引消费者的关注。再通过完美的体验和优质的服务，让消费者对自己的产品产生好感，进而愿意购买并传播产品的口碑。

No. 2

对比同类产品塑造优势口碑

几乎所有消费的产生，都是基于对比的结果。企业要想在竞争中赢得胜利，就必须让自己的品牌和产品具备可比性：特定的品类、特定的竞争对手、特殊的性能、独特的包装和有竞争力的价格等。比如说，消费者难以完全搞清楚一部三星手机的研发成本、制造成本、渠道成本、营销成本，他们难以对其真实价值做出判断。那么，他们愿意花费5 000元去购买一部三星手机，依靠的是什么？是对比！是三星各个款式手机之间性价比的对比，是三星与其他品牌手机性价比、使用习惯、品牌好感之间的对比。

如果没有对比，品牌就失去了存在的价值。一个品类只有一个品牌，完全没有竞争的理想市场，是不存在的。没有对比，消费者就失去了购买的依据，产品也就失去了"价值"的依据。因此，市场常常出现两个品牌相互借势现象，其实就是某个行业中把"对比"做得最好的两个品牌之间的竞争。如百事可乐与可口可乐、统一与康师傅、耐克与阿迪达斯、王老吉与加多宝、苏宁与国美……其实，当一个企业做到这个级别时候，就已经算得上是很成功了。

在品牌进行口碑营销时，只有制造与善用"对比"，才能呈现价值的相对优势，给予消费者购买的理由。而对于消费者而言则更是如此。一个产品，只有在与同类的对比中突出自己的优势，方能让消费者对其产生好感，从而制造良好的口碑。

在世界杀毒软件市场，ESET总是能够成为消费者最信赖的品牌之一。除了它本身强悍的性能之外，善于利用和同行其他软件进行对比以显示出自己的优势，也是ESET能够产生良好口碑的原因之一。

在ESET软件的官方网站，有一个页面专门显示了ESET对比其他同类产品的优势所在。这些对比的产品属性包括了产品所获奖项、每日网络流量、对企业网络的影响、占用的计算机内存、对计算机的防护程度和对计算机病毒的敏感度等多个消费者最关心的问题。从结果看，ESET 总是领先于其他的同类产品，甚至像卡巴斯基、小红伞、诺顿和 McAfee 这样的老牌杀毒软件在很多性能上都不如 ESET。

可以说，ESET 就是利用借势同类产品的方式建立自己的好口碑。虽然品牌没有做什么华丽的广告宣传，仅仅凭借着几组对比数据，就轻而易举地赢得了消费者的心。而其他的同类产品也许花费了很大的精力也没有 ESET 的营销做得出色（如图 8-2）。

图 8-2　ESET 对比其他同类产品的优势所在

市场如同战场，在共同做大市场的美好愿景下，必然存在市场份额此消彼长的残酷现实。直指竞争对手的软肋，放大自己的优势，才能赢得属于自己的消费群。在很多情况下，只要自己的产品足够出色，就完全可以借势于其他的同类产品进行口碑宣传。这比直接做口碑宣传要节约更多成本。

但是，在借势其他品牌做口碑宣传的时候应该注意，绝不能用虚假信息来欺骗消费者。因为这样不仅会使消费者反感甚至抵制，还会引起同行的愤怒，严重的甚至会涉嫌违法。这样做的后果就是产品和品牌的口碑就会受到极大的破坏，甚至很难再修复了。

善用"借势其他同类产品"进行口碑营销，建立相对竞争优势，制定成功的品牌宣传和营销推广，才能取得产品的竞争优势，提高产品和品牌的竞争力，最终实现口碑的建立和广泛传播。

No. 3
通过公益活动获得良好口碑

为了使品牌获得好的口碑，过硬的质量和优质的服务肯定是必不可少的。但是，为了使品牌的口碑更加深化，传播更加迅速，企业就需要借势于一些事件。而公益活动就是一种能够在保持口碑的基础上获得广泛传播的好方法。

企业做公益活动主要体现在两个方面。

第一个方面体现在面临天灾人祸的动乱时期。例如2008年5月12日，汶川发生了里氏8.0级特大地震，灾害波及甘肃、陕西省，数万同胞在灾害中不幸遇难，数百万家庭失去世代生活的家园，数十年辛勤劳动积累的财富毁于一旦。灾害无情人有情，面对突如其来的巨大灾难，许多企业不仅捐助了大量的金钱和物资，甚至组织志愿者队伍参加救援以及后勤保障工作。当灾难过后他们又积极参加当地的灾后重建和心理辅导工作，既帮助了灾民，又履行了一个企业公民应尽的责任和义务。

第二个方面是在和平稳定的社会环境里，企业也应该多做一些对社会有正面影响的活动，如关注留守儿童、环境保护、可持续发展，为下一代营造一个良好的生活环境和健康的心理世界。从长远的角度看这也是为企业储备了一批高素质人才。

企业在面对公益活动时的态度也可以分为两种。

第一种是当灾难来临时不逃避责任，积极应对，属于反应型企业。像汶川地震时的许多企业就属于这种。在当今利字当头的现实中，一个需要大量资金发展的企业能做到这点已属难能可贵。但企业要想在一个行业中成为领导者，成为龙头，光做到这点还远远不够。

第二种，将公益当成企业发展战略的重要组成部分，属于战略型公益企业。有的企业甚至专门成立的部门负责定期的公益活动，并按时按量的完成，而不只是临时抱佛脚。只有这样，对企业的发展和口碑才有长远意义。

那企业花这么多的时间和金钱做公益到底有什么用处呢？

一方面可以帮助企业提高知名度，在政府和公众的心中树立良好的企业形象，从而营造企业的文化底蕴。有着深厚文化底蕴的企业才会是有强大凝聚力的集体，就像是一艘无坚不摧的大船，可以在潮起潮落中乘风破浪。比如汶川地震的时候，当时加多宝生产的"王老吉"捐了1亿元，这让广大的中国人民记住了它,即便是之后改名为"加多宝",依然拥有很多的"粉丝"。

2008年,中国汶川发生了罕见的大地震,给人民的财产和生命安全带来了极大的损害。很多企业慷慨解囊,向灾区人民送去问候,其中最受瞩目的就是加多宝公司。

加多宝公司先是向灾区捐助了1亿元的巨款,成为国内单笔最高捐款企业,之后又给灾区送去了许多的救灾物资。顿时,加多宝的公益行动所引发的口碑效应迅速在网络上蔓延,许多网友第一时间搜索加多宝相关信息,加多宝网站随即被"刷爆"。很多论坛甚至出现"要捐就捐1个亿,要喝就喝王老吉!""中国人,只喝王老吉"的言论(如图8-3)。

图8-3 加多宝的公益活动获得良好口碑

通过这次公益事业,加多宝获得了极高的人气,也为其聚集了众多的忠实"粉丝"。很多"粉丝"表示,即使是冲着加多宝对社会的责任心,也会购买加多宝的产品。后来,即便是加多宝在和广药的"王老吉"的品牌之争中失利,还是有众多的消费者愿意站在加多宝这边。

所以说,企业要积极参与公益活动,将其当成企业自身的责任和义务,并将其当成公司长期发展的战略计划。这样,企业才能在社会公众中树立良好的口碑,为企业成为行业的领导者打下坚实的基础。

No. 4

借"名人"之势的口碑效应

百事可乐是世界上最炙手可热的饮料品牌之一。以年轻人为主要目标客户的百事可乐在每一次选择名人做代言人时都会做深入的研究。为了吸引这些年轻的消费者,百事可乐不惜重金邀请了周杰伦、罗志祥、阮经天、黄晓明、贝克汉姆等非常出名的明星给产品做代言人。这些名人不仅打响了百事可乐的知名度,也给其带来了很好的口碑和传播。

这就是企业借"名人"之势创造口碑效应。在年轻人的心中,拥有更多的人气明星的百事可乐当然更加受到青睐。这也是百事可乐能够在很多地方都能获得良好的口碑传播的最大理由。

随着网络技术的不断发展,各种信息的传播速度逐渐加快,很多人都有自己喜欢的偶像。这是一种文化现象,也标志着国民的审美和思想有了一个突破。而企业可以利用"粉丝"们对自己偶像的喜爱向名人的人气借势,使自己的产品与之相结合,为自己的品牌和产品建立良好口碑。

一般而言,企业借势名人来打响口碑有两种方式。一种是通过直接签约名人成为自己品牌的代言人;另一种是通过对名人使用自己的产品进行宣传,起到制造口碑的效果。

1. 签约名人成为代言人

名人代言品牌和产品可以使品牌和产品更加引人注目。名人们发出的光芒总是能够夺人眼球,而名人也将这种光芒传递到了品牌和产品上,让其代言的品牌和产品也散发出耀眼的光和热。但是这需要支付一定的代言费和包装费用。因此,这种营销方式适合一般有实力的公司使用。

此外,名人代言可加深人们对品牌和产品的认知。名人代言可用自身头顶上的光环照亮所代言的品牌和产品,使品牌和产品也如同星星一般,带着灿烂走进千家万户,在消费者心中熠熠生辉。借助这种明星效应,就可以使品牌的口碑能够以名人为原点辐射到社会的每一个角落,使品牌和产品的口碑得到最大限度的传播。

但是,这种签约名人成为代言人的口碑营销手段也有着一定的弊端。因为很多人都会把明星的形象与其所代言的品牌和产品形象联系起来,所以,一旦明星的形象发生改变甚至受损,就会连带其代言的产品和品牌的形象一同受损,进而影响口碑。比如2014年的台湾明星柯震东吸毒事件就给柯震东所代言的多款产品,包括炫迈口香糖、妮维雅化妆品和阿迪达斯的产品口碑均带来了一定的影响。因此,在选择代言人的时候不能只看名气,还应该考虑到其是否具有良好的公众形象。

2. 对名人使用自己的品牌产品的事件进行宣传

这是一种巧妙的借势方法。看到某位名人穿着自己品牌的衣服或者用着自己品牌的产品，记录下来并通过各种途径进行不断的宣传，就可以借势名人来使自己的品牌和产品获得一定的推广。

日本著名的潮流品牌 BAPE 本身是一个只生产 T 恤的小品牌。刚开始的时候，这个品牌每款 T 恤只生产 50 件，其中 30 件还要给自己的员工和朋友，只有 20 件流通到市场上。但是，它独特的设计理念和风格，再加上过硬的质量吸引了很多的时尚名人。1998 年，日本的国民偶像木村拓哉穿着 BAPE 的衣服出现在广告中，掀起了一阵浪潮。随后，很多的时尚界名人如浅野忠信、一色纱英、刘德华、陈冠希、罗志祥等都纷纷身着 BAPE 的衣服亮相于一些公开场所，由此 BAPE 也成为亚洲最受瞩目的时尚潮牌之一（如图 8-4）。

图 8-4　BAPE 借名人打响口碑

BAPE 就是通过一些名人曾经穿过自己的品牌服装而进行口碑营销活动，最终取得了很大的成功，从一个小品牌发展成为亚洲最受追捧的潮牌之一。

对比直接签约名人成为形象代言人，这个方法还有一个好处就是不会使消费者把产品和名人本身的形象联系起来。因此，风险也就小得多。但是，在使用此方法借势名人做口碑营销的时候，也要注意时时更新口碑话题，因为名人不可能一直都用这个品牌的产品。

借名人之势制造口碑营销话题是一个非常聪明的营销捷径。因为这可以利用名人的人气造成非常广泛的影响，这样就能够让口碑营销取得非常乐观的效果，也使自己的产品能够最大限度地成为消费者的宠儿，最终达到口碑营销的目的。

No. 5
客户的好评是好口碑的保证

在消费中，什么最让消费者信任？当然是其他消费者良好的产品体验信息，也就是其他产品使用者的好评。无论是自己身边的亲朋好友，还是互联网上素不相识的评论者，他们的好评总能够成为产品好口碑的保证。

在互联网时代，品牌和用户的互动都在公开的环境下进行，所以几乎任何大小品牌都会受到客户评论的影响。大到兰博基尼跑车和阿斯顿马丁跑车对比怎么样，小到街边哪家煎饼果子最好吃，这些言论都能影响到更多素不相识的人们对品牌和产品的判断，这些带有个人观点的只言片语会对品牌的口碑产生重大的影响。

Paley Center for Media 和社交分析服务 Share This 曾经联合发起过一项调查，就是看一个产品的好评会对产品的销售带来怎样的影响。它的调查方式是，通过给被调查者看不同的产品线上反馈，评论分别来自朋友、家人或者素不相识的网友，然后询问被访者对产品的购买欲望，想要为这一产品多付或者少付多少钱。结果，他们得到结论，如果看到积极正面的评论，消费者会更愿意多付10%，反之，则是少付11%。

以 iPad 为例，如果看到互联网上的正面评论较多（来自社交媒体，如 Twitter 或者 Facebook），用户会有意愿多付 22.26 美元来购买，如果这条网络评论是来自朋友或者家人，他们的意愿也就更高了，可以多付 27.42 美元（如图 8-5）。

图 8-5　消费者对各种产品评价的态度

这就是消费者的好评对于其他消费者的作用。由于现在的消费者获取信息更加方便快捷，所以很多的消费者在购买产品之前，都会通过各种渠道征集别人的意见，无论是正面的还是负面的，都对消费者决定是否购买产品起着至关重要的作用。现在互联网上有很多的产品论坛，各个电商也均有客户的评论。可以说，这些消费者的评论是可以轻易看到的，因此，企业在做口碑营销的时候，必须重视消费者的好评，这样才能保证自己产品和品牌的口碑得到保证。

而消费者的好评离不开真实而美好的产品体验，毕竟只有消费者通过亲身体验所发出的评论才更加真实且具有说服力。所以，企业尽全力使消费者得到良好的体验是得到消费者好评的前提。此时，企业就需要使产品功能齐全、质量可靠，同时还要提供优质的服务，才能让消费者最终获得良好的产品体验，这样才能让产品和品牌获得消费者的好评。

在消费者获得了良好的产品体验之后，就要鼓励消费者写出其良好的体验。事实上，没有人会喜欢内容空洞无聊的商品介绍和一成不变的微博、博客。消费者想要看到的是其他消费者的真实体验，因为其他消费者的体验可以成为他们的购买依据。

而在引导消费者进行好评的时候也是有学问的。首先，最好列出一些用户反馈的例子，用很简洁、明了的方式来展示那些使用你的产品和品牌的人是如何解决问题，一定要避免引用一些"我喜欢这个产品，物美价廉"这样笼统的评价，这没有任何意义。消费者的实际体验过程更加具有说服力和影响力。

在口碑营销中，消费者总是以一种很理智的角色出现在营销中。若是没有任何情感因素在内的话，他们的理性就会占到上风。最明显的表现就是他们会对产品的好评率极为看重。这也是中关村、太平洋、YOKA测评中心等测评产品的网站兴起的原因。在这种大环境下，企业必须使自己的产品能够获得很高的好评率，才能让自己的产品吸引更多的消费者，从而让自己的产品获得良好的口碑并最终成为消费者所喜欢的产品，最终使这个产品获得非常好的销量。

产品要获得好评，就必须要有好的服务和质量。所以，质量和服务还是营销的根本。只要企业能够真正提升自己的服务与产品的质量，消费者自然就会有优良的产品体验，好评率自然就会非常高，最终就会积累起非常好的消费者口碑，并获得很广的传播范围。

No. 6
借用媒体提升口碑效应

一般而言，企业最重要的宣传方式就是广告。无论是投放到电视、广播、报刊还是互联网等媒体上，还是户外广告、赞助等都可以通过广告的方式将相关信息传递给消费者。但是，也不得不承认这样一个现实：传统广告的影响力正在大幅下降。虽然同样是利用媒体这个宣传平台，消费者更倾向于新闻传播而非广告传播。所以，企业也可以根据这个特点来逐步调整自己的口碑营销，借助媒体扩大它的影响力。

虽然很多企业已经看到了新闻传播的重要作用，并试图在其中植入自己品牌的广告以获得优良的口碑，但是真正能够有效地借助媒体传播的企业却并不是很多。主要还是因为很多企业并没有足够的能力对借助媒体的口碑营销过程进行策划。

事实上，借助媒体进行口碑营销有着非常重大的意义。首先，传播范围广泛。企业通过收视率高的电视台、发行量大的报刊杂志、收听率高的广播电台以及访问量大的门户网站能够更快地传播口碑，因为这些媒体拥有范围很大的受众，覆盖的范围也极其广泛。特别是互联网渠道，更是可以实现病毒性的扩散。

其次，能更快形成巨大的口碑效应。因为媒体的宣传面广，受众多，通过这种传播方式，完全可以达到让消费者用各种手段去了解企业的目的，从而可以迅速获得巨大的口碑效应。

最后，因为现代媒体分类比较细，例如经济、政治、文化、军事、体育、教育等都独立成各自单独的媒体。这些不同的媒体各自都拥有特定的受众群，因此具有更强的针对性。企业可以借助各类专业媒体将自身的信息传达给各类消费群体，从而帮助自己进一步细分市场。

2008年夏季，康师傅冰红茶开展了一次主题为"HAPPINESS ANYWHERE 快乐不下线"的推广活动。这次活动主要在互联网上进行。他们选择了猫扑、校内、腾讯、淘宝以及重要视频网站展开深度合作。结合各网站特点及网友使用习惯，量身定制活动。

他们在社区网站猫扑网推出"漫画真人秀"活动，让网友上传图片故事或给剧本配旁白，针对猫扑网娱乐互动社区黏稠度较高的年轻族群，利用他们的创新意识、搞怪爱好，激励参与。两个月内收到作品1.5万件。

在校内网，康师傅推出"晒照片，乐翻天"活动。通过推行"一键式"参与法，最大程度简化操作，激发用户参与乐趣，再配合校内网SNS的病毒传播机制，推动二次传播，参与人数也超过4 000人，收到有效作品1.6万件，冰红茶产品形象更深入人心。

在视频网站酷6网上开展"达人串串秀",选择四位有影响力网络红人,召集跨行业、跨年龄、跨国籍的网友"视频接龙",用简单新颖的创意传递欢乐,让更多网友与冰红茶亲密接触。

康师傅与腾讯合作的冰红茶产品与qq企鹅形象相结合的"魔法表情主题包",有高达360万次的下载,同时还有一大批腾讯qq用户主动转发。

康师傅的这次活动获得了消费者的积极响应,仅仅两个月的时间广告总点击量超过840万次。通过不同媒体的不同的渠道,逐渐在消费者心目中合成完整概念,最终塑造出康师傅冰红茶在网络上年轻具有活力的品牌形象,让康师傅冰红茶"快乐"理念深入人心(如图8-6)。

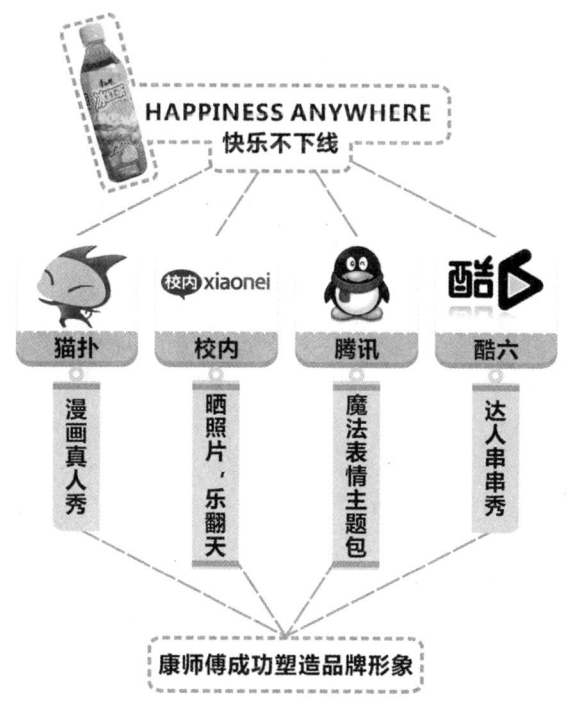

图8-6 康师傅冰红茶"快乐不下线"活动

在这次口碑营销中我们看到，通过针对不同的媒体和消费者，康师傅采用不同的方式去推广。事实证明，这样可以让很多兴趣并不相同的消费者都能够看到自己的品牌和产品，并形成口碑。

从企业的角度来看，借助媒体以第三者的身份对企业的正面信息进行客观而公正的报道，这种方式更加容易得到消费者的认同，制造优良口碑也就更加容易。相对于其他的广告宣传来说，也更有利于好口碑的传播。

第九章

扭转：负面效应的神奇力量

"塞翁失马，焉知非福。"任何看似不好的事情，从不同的角度去看，都可以产生正面的效应。负面口碑也是一样，虽然它可能对口碑营销产生非常消极的影响，但是经过合理的运用，也可以转化为正面的力量。这一章，我们将仔细对负面效应进行剖析，看它们是怎样经过合理利用，扭转局面，成为口碑营销的功臣的。

 No. 1

"被污染"的农夫山泉引发的效应

2013年3月8日,以"农夫山泉有点甜"为口号的农夫山泉公司被曝光瓶装水内含有黑色悬浮物,农夫山泉遭遇了前所未有的信任危机。接着,更有媒体爆出农夫山泉的水源地之一湖北丹江口市胡家岭附近遍地生活垃圾的猛料。一向号称"我们不生产水,我们只做大自然的搬运工"的农夫山泉负面口碑持续升温,给消费者造成了极坏的影响。

事情源于2013年3月8日,有消费者向21世纪网反映称,"农夫山泉"瓶装水内发现黑色悬浮物。得到这个消息之后,21世纪网决定亲自奔赴水源地实地调查。农夫山泉在全国有四个水源地,分别位于浙江千岛湖、湖北丹江口、广东万绿湖和吉林长白山。21世纪网去的是湖北丹江口市胡家岭。调查结果让人大吃一惊,在农夫山泉取水点周边水域的岸上,遍布着各种各样的生活垃圾,其中不乏大量疑似医用废弃药瓶,让人以为是进了垃圾掩埋场。而农夫山泉居然使用焚烧的方式来处理这些垃圾。

除此之外,21世纪网还发现,这个取水点周围还遍布着许多当地渔民的养殖场。渔民对使用各种饲料毫不讳言,也不否认饲料中的各种添加物对水源地可能造成的污染。此外，厂区附近甚至还有造船码头，其作业所需的各种金属和油漆亦对水质造成严重威胁。更严重的是，农夫山泉自身亦违反规定偷偷地向库区排放废水。

这些调查结果让消费者非常震惊，大家急切希望农夫山泉做出解释。2013年3月25日，农夫山泉通过其官方微博发表了"关于丹江口岸边杂物的说明"。说明中表示，媒体所报道的不整洁区域距离农夫山泉公司取水口下游约1.4公里，对取水质量并无影响。声明表示，农夫山泉取水口源水符合DB33/383-2005《瓶装饮用天然水》天然水源水质量要求。

但是，这次的事件依然没有结束，关于农夫山泉的这次污染事件的话题仍在继续，农夫山泉的品牌形象大受打击（如图9-1）。

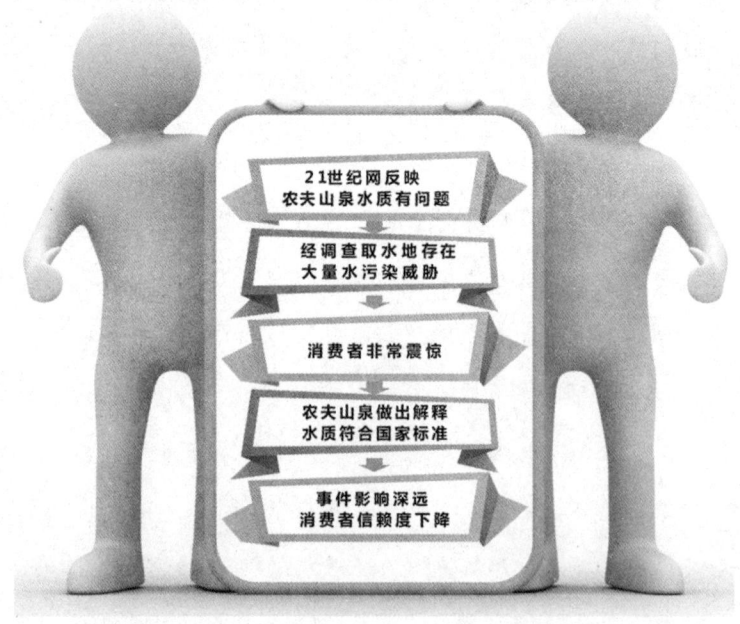

图9-1 农夫山泉的"口碑危机"

在这次事件中，农夫山泉的品牌形象受到了很大的打击，其负面口碑广泛传播，虽然农夫山泉第一时间就在微博中对这次的事件作出了官方的解释，但是仍有很多的消费者受到了极大的影响，甚至有网友表示"以后不再喝农夫山泉"。

那么，事实究竟是怎样呢？在2011—2013年仅浙江省质监局就对农夫山泉天然水监督抽查13批次，全部合格。也就是说，虽然水源地存在一些污染，但是这些污染并没有真正妨碍到农夫山泉的产品质量。但是，即便如此，很多消费者却不再信任农夫山泉。

这就是消费者的心理，他们对于一个产品和品牌，特别是知名的产品和品牌的一点质量问题，即使只是质疑都非常敏感。在这种敏感的背后是对自己实际利益的考虑和对社会公信力的不信任。这也是农夫山泉虽然后续澄清了未被污染的事实，却并没有得到消费者群体广泛接受的原因。

作为一个企业，即使它的规模再大、能力再强，也没有办法消除消费者对社会公信力的不信任。其实，这在很大程度上也怪不得消费者，以2008年"三聚氰胺"事件为首的食品安全危机一次又一次地抨击着消费者的神经。质量问题不断地涉及一些名企，这些都使得消费者的消费心理越来越脆弱，神经越来越敏感。所以，这次的"农夫山泉水源地污染事件"背后的真相没有被大部分消费者接受，也是在所难免。

一方面，消费者渴望得到高质量的产品和服务；另一方面，消费者又对这些产品和服务产生怀疑。这种矛盾存在于大多数消费者的心中。面对有如此矛盾心理的消费者，企业要做的就是不断提升自己各方面的实力，以一种负责任的态度应对消费者的不信任。

在一个人对外界很不信任的时候，一旦找到一个可以信任的人，他就会对这个人非常信任。消费者群体也是这样，虽然这样的消费者看似很难应对，但是企业一旦通过自己的努力获得优秀的口碑，在消费者普遍渴望高质量的产品和服务的背景下,消费者就会对这个企业的产品非常信赖。比如,格力空调和美菱冰箱就做得很好。它们通过对自己产品质量和服务的严格要求,成为各自行业的佼佼者;通过很低的返修率,成为消费者心中的首选品牌。

负面口碑对产品和品牌的伤害是巨大的,企业必须认真面对。随着消费者越来越敏感,企业就更要在意负面口碑的消极影响,通过对自己的严格要求,尽量避免负面口碑的发生。

No. 2

把负面口碑的消极影响降到最低

在传统的口碑营销中,负面口碑一般来自于消费者身边比较熟悉的人,因此,这些信息对于接受者来说具有很高的可信度。他们会对这个产品和品牌产生不良印象,尽可能地不再消费这个产品和品牌。而随着互联网的出现,这种负面口碑的消极影响更是呈几何倍数增加。现在的消费者,或许只需拍几张企业或品牌问题产品的照片,放到微博上,再@一大群媒体和朋友的账号,企业和品牌就会面临巨大的公关危机。一旦消费者的投诉受到其他人,特别是"意见领袖"的关注,随之而来的就是铺天盖地的负面报道。

负面口碑一旦形成,对企业的不良影响将十分显著。这时,企业必须采取有效的措施对舆论进行监控并马上处理问题,争取把负面口碑的影响降到最低，这样才能重新赢得消费者的信任（如图9-2）。

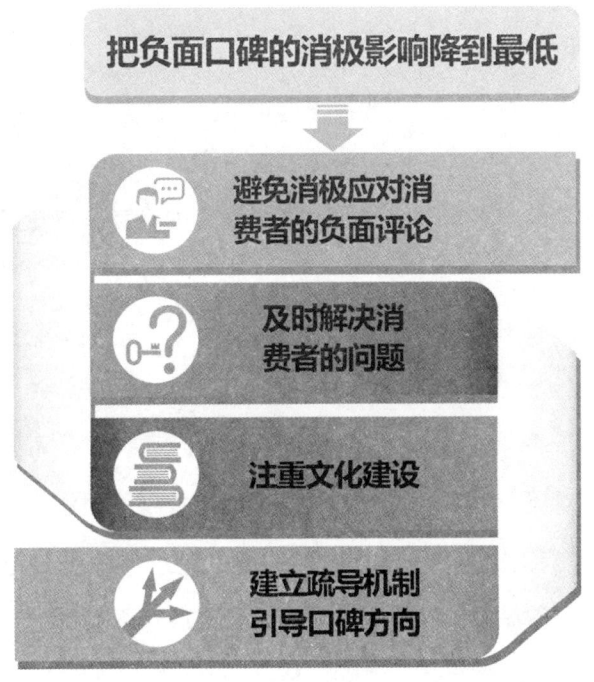

图9-2　企业把负面口碑影响降到最低的做法

针对企业所面临的具体情况的不同，一般有以下几种方法来应对负面口碑的影响：

1. 避免消极应对消费者的负面评论

在大部分情况下，负面口碑来自于消费者的消极评论。企业在回应消极评论的时候，一定要避免对消费者置之不理甚至恶言相向。一旦出现这种情况，企业或者品牌将会处于一种被动的局面。因为消费者已经对产品和品牌产生了比较消极的情绪，若是这个时候对消费者恶言相向，只会让事态更加严重，甚至会造成无法挽回的严重后果。

2. 及时解决消费者的问题

负面口碑的传播比正面口碑要快得多。一个负面评论或者帖子出现一到两个小时之内，就能影响到非常多的消费者。因此，企业在发现负面评论的时候，一定要在第一时间对消费者进行积极回应，及时解决消费者提出的问题，并把处理结果以最快的速度反馈给消费者，避免造成更大的困扰和负面影响。

3. 注重文化建设

文化是塑造品牌竞争力的一个重要策略，企业可以从不同的层面来实施文化营销。对消费者来说，文化习惯、文化背景等因素与他们对某一商品的评价与思考有着不确定的隐蔽性的关系。比如某企业在进行口碑营销的时候，所邀请的品牌形象代言人爆出了很大的负面新闻，这个时候该企业的口碑势必也会受到很大的影响。但是，该企业第一时间调整了宣传计划，同时用自己的企业文化来影响品牌口碑，由于该企业一贯注重文化建设，在消费者中也有一定的口碑，最终扭转了局面，品牌并没有受到很大的影响。

企业文化一旦形成，在消费者心中的形象较为牢固，不会因为一些负面消息就对品牌产生很大的负面影响。

4. 建立疏导机制，引导口碑方向

负面口碑一旦形成就很难改变，这个时候就需要制造一些正面话题吸引消费者的注意力，以此来转移舆论方向，减少负面口碑对品牌的影响。

在这里，"意见领袖"的作用极其重要。"意见领袖"的意见和言论可以吸引消费者的注意力，使口碑的方向得到转移，最终将负面口碑的影响降至最低。

在口碑营销中，正确处理消费者的投诉和抱怨，同时尽量引导舆论的方向，才是把负面口碑的消极影响降到最小的好办法。通过建立各种反应机制和加强对舆论的引导，企业就能够把负面口碑的影响降到最低。

No. 3

"负面效应"也能制造"正面口碑"

有效的口碑营销是让产品或服务能够以100%的正面姿态在客户群体中进行传播，但是现实却经常达不到预期的效果。因为在营销过程中总是有着各种负面的声音让产品的正面口碑遭到质疑，严重的甚至会造成较大的负面效应，使品牌和企业都受到很大的负面影响。

既然负面口碑无法避免，企业在采取措施降低其影响的同时，也可以想办法扭转局面，利用"负面效应"制造"正面口碑"。而这其中，最重要因素的就是消费者。因为所有负面信息都需要一个载体，再向其他个体进行传播，而这个载体就是消费者。消费者都是情绪化的，很多时候，他说你不好，并不是想和你吵架，而是想看到你认错、改错的态度。所以，如果企业能够在负面口碑产生之后，以真诚的态度认错，并通过各种优质的服务和补救措施来应对，负面口碑也有可能被扭转为"正面口碑"。

苹果公司生产的一款iPod曾被人曝光其电池存在严重的质量问题。一位消费者制作了一段名为"iPod见不得人的秘密"的视频在网络上传播。一时间，苹果的负面消息报道不断，短时间内给苹果的声誉造成了极坏的影响，品牌形象一度处在崩溃的边缘。

面对外界的负面信息，苹果并没有掩盖自己的错误，而是果断采取了一系列措施来努力扭转局面。

首先，苹果公司倾听了投诉者的问题，并在几天内迅速修复了有问题的电池，并对投诉者进行了投诉奖励，而且对给消费者造成的各种损失进行了赔偿。同时，苹果公司宣布提供替换电池的新服务，并对当前的服务做出了调整，增设了更加人性化的服务。

这一系列的措施使苹果公司很快平息了这场负面风波，并使这次事件成为一次宣传自己的机会，让公司转危为安。

苹果公司在负面效应产生的时候，迅速对负面影响做出了反应，勇于承认自己的错误。在认真听取了消费者投诉的情况之后，苹果对当前产品和服务中存在的种种问题迅速采取了一系列的补救措施，最终扭转了局面，使负面效应转化为了正面口碑。

具体来说，将负面效应转化为"正面口碑"，可以从三方面入手（如图9-3）。

1. 反应速度一定要快

对待负面效应的反应速度一定要快。因为反应速度越快，越能够阻止负面口碑在更大范围内传播。仔细地分析原因，做出对策，以求在最短的

图 9－3　扭转负面效应的方法

时间内消除负面传播。这么做还有一个重要的意义是可以让消费者感到企业对自己的重视,从而对已经产生的负面口碑有一定的积极作用。

2. 态度坦诚

有的企业在面对问题的时候,只是一味地掩饰问题,这样只会招来消费者的反感。企业只有态度坦诚,正确面对产品和服务中存在的种种问题,勇于承认自己的错误,并愿意对此承担责任,这样才能给消费者留下一个比较好的印象,从而扭转局面。

3. 借势营销

在处理负面口碑的过程中，实施口碑营销策划，借助这次事件和引起的轰动效应进行正面的口碑传播引导，将负面效应转化为"正面口碑"，借此提升品牌形象。

这个时候，负面效应的影响范围越大，得到的正面口碑的传播范围就越大。比如，当年霸王牌护发产品被爆出产品内含有有害化学成分时，霸王公司把产品送去检测后确定产品没有任何问题，然后快速将这一正面结果反馈给消费者，消除了消费者的顾虑，霸王也借助这个事件做了一次很好的口碑营销。

归根结底，企业面对负面口碑最好的办法就是提高自己的产品和服务的质量，从源头上来防止负面口碑的产生。

No. 4

防患于未然，做好口碑管理

如今，越来越多的消费者更加在意其他消费者在消费之后的评价，而互联网的发展为这种信息的传递提供了非常便利的渠道。在这种情况下，企业提供更加系统化的随时能够掌握企业网络口碑的平台，以及对消极口碑的积极防范就显得尤为重要。

要做好口碑管理，首先要做的就是如何应对负面口碑。事实上，负面口碑比正面口碑更加容易传播，人们常说的"好事不出门，坏事传千里"就是这个道理。负面口碑将会直接影响产品的销量，严重的情况甚至会导致产品和品牌受到很大的影响，最终使整个企业都蒙受损失，一蹶不振。因此，在做口碑营销的时候，应该尽量防止负面口碑在网络上传播。

而有的企业在面对一些负面口碑的时候，或是没有重视，或是死不承认自己的错误，导致负面口碑越传越广，影响也越来越大，给企业造成了很大的损失。

2011年9月，一个普通的消费者罗永浩在购买了西门子牌的冰箱之后，发现自己购买的冰箱门关不严。罗永浩就在自己的微博上说明了自己所买冰箱缺点，并表示"再也不买这个倒霉牌子了，电器还是日本人做的靠谱"。

这条微博在网络上迅速走红，很快就被网友们转载3 000多次。随后，西门子负责生产销售的相关人员曾经两次和罗永浩沟通，但是都没有取得很明显的效果。西门子家电的官方微博虽然表示了歉意，并承诺会上门维修产品，但是拒绝承认自己的产品存在质量问题，而罗永浩则坚决要求西门子公司承认它的冰箱存在质量问题。

在僵持了一段时间后，愤怒的罗永浩把三台西门子冰箱拉到了西门子位于北京的总部，抢起铁锤，当众砸毁。这可谓是一石激起千层浪，罗永浩怒砸冰箱的消息传遍了整个网络，成为人们热议的话题。这不仅使罗永浩成为网络红人，西门子的品牌口碑也受到了极大的威胁（如图9-4）。

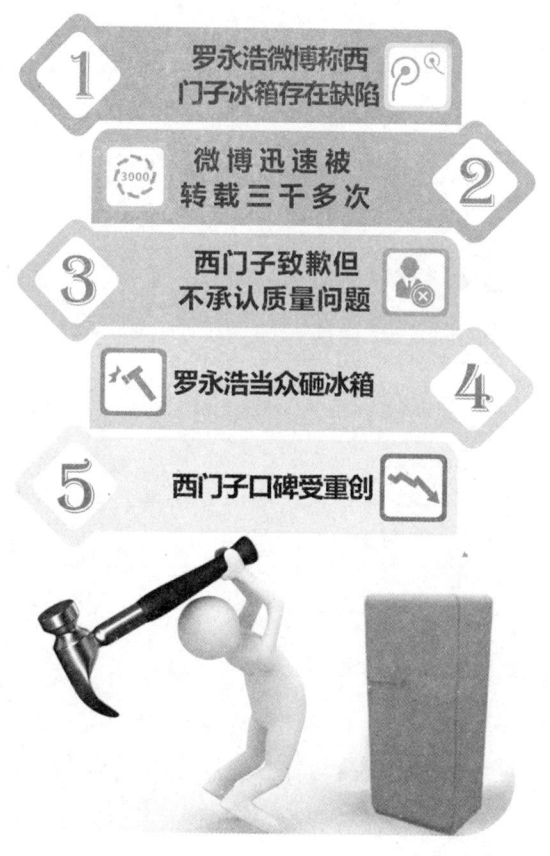

图9-4 "罗永浩砸冰箱事件"始末

在这个案例中,很明显,西门子公司没有做好负面口碑的监控,以为这只是罗永浩一个人的问题,而忽视了网络传播的力量,最终造成了严重后果。倘若当时西门子公司能在第一时间监控到这条负面消息,并及时给罗永浩一个满意的答复,不仅可以把负面效应控制在一个很小的范围内,还能给消费者一个很好的印象。

当然,在口碑管理中,除了要及时监控并在第一时间处理好负面口碑,预防负面口碑的出现也是很重要的。

若想预防负面口碑的产生,最有效的办法就是从自身出发,通过提高产品的质量、用户体验和服务来让负面口碑产生的概率大大降低。消费者们在购买产品的时候,能够买到自己心仪的产品,同时又享受到了很好的服务,自然会对该企业大加赞赏,也就不会有负面口碑的产生了。

同时,企业可以多参加一些慈善活动以提升品牌形象,防止负面口碑的产生。比如中国平安集团每年都会对慈善事业投资数千万元,其中,援建希望小学、建立"希望奖学金"等举动都为企业树立了很好的口碑。这种好的品牌形象也有效防止了负面口碑的产生。

当然,对于那些较好的口碑,企业也应该推动其传播。对好口碑的传播推波助澜,使好口碑能够迅速、有效地传播到其他消费者的心中。

"千里之堤,溃于蚁穴。"在不断完善口碑管理的各种制度的同时,还应该对网络环境和各种舆论风向进行监控,这样才能让自己正面的口碑形象长时间地保持下去,直至成为消费者一致认可的品牌形象。

No. 5

危机公关:让负面口碑反弹

俗话说"天有不测风云",任何对产品不利的信息在通过互联网等媒介传播之后都会形成负面口碑,对产品和品牌的口碑营销造成很大的伤害。尤其是对电商来说,网上存在一个负面新闻或论坛的帖子,很容易就会被消费者看到,本来很多消费者就对网购有些担心,加上一些负面信息就更不敢轻易购买。那么,在负面口碑产生之后,企业如何应对?

企业需要记住：顾客是上帝。负面口碑产生之后，绝不能将责任推到消费者身上，而是应该更多地从自己的身上找到解决问题的办法，做好危机公关。而对于一般的负面口碑，危机公关主要的办法有以下几种（如图9-5）。

图9-5 让负面口碑反弹四大方法

1. 清理负面信息

有些时候，负面信息会很尖锐，或者企业本身真的是存在某些问题。这时候，企业需要去清理这些负面消息，以免其长期存在而影响客户的判断。清理负面信息的方法有很多种，可以通过和某些媒体直接接触，要求媒体删稿，但是这种情况的前提是企业必须没有做错；也可以通过公关公司与负面信息的发布者协商处理。

这种方法对反弹负面口碑很有效果，但是需要企业花费大量的人力和财力，所以，一般比较适合大企业来使用。

2. 企业主动出面澄清

有些时候，负面口碑是竞争对手或一些网民出于恶意而传播的虚假信息形成的。这就需要企业主动出面去澄清。企业出面澄清一些不良信息可以让消费者对这些虚假信息有一个新的认识，从而更加理性地看待问题。

此外，企业主动出面澄清也是一种比较经济的处理负面口碑的方法，对一些小企业或者资金不够雄厚的企业来说比较实用。

3. 对负面口碑冷处理

话题是有时效性的，若是不能更新，那么话题就只能在一段时间内产生作用。一些负面口碑也是一样，若是长时间没有更新，就会被人所遗忘，并不能给企业造成很大的影响。有些负面口碑的目的就在于让企业出面澄清，使话题能够持续更新，吸引人们的注意。在这种情况下，对那些负面口碑冷处理就是最好的处理方式。

比如在 NASA（美国国家航空航天局）向全球宣布阿波罗 11 号登上月球的消息之后，很多人对登月消息的真实性提出了质疑，甚至有人表示 NASA 的登月计划是"20 世纪最大的谎言"。然而，NASA 却对这些说法不闻不问，采取了冷处理的态度。过了一段时间后，等谣言散去，绝大多数人还是相信了登月的真实性。若是当时 NASA 重视这番言论，主动出面澄清，可能就会让很多人觉得 NASA 做贼心虚，反而不愿意相信登月的真实性。因此，现在看来，这种冷处理的方式是最好的。

不过，企业在采用冷处理方式的时候一定要做好调查，仔细斟酌，否则很容易让消费者认为企业"默认"或态度消极，进而导致负面效应扩大化。

4. 压制负面口碑

企业还可以通过对正面口碑的大量传播而压制负面口碑的传播。在大量的正面口碑的覆盖下，负面口碑的传播力量就会显得微不足道，这样就能成功地使负面口碑反弹。而传播的正面口碑则最好是有针对性地选择一些对负面口碑有抑制作用的信息，这样才能成功地对负面口碑进行压制。

通过以上几种危机公关方法，就能让已经出现的负面口碑出现反弹，避免负面口碑对企业造成破坏性的影响。企业在面对负面口碑的时候，最重要的还是要冷静对待，通过对舆论的冷静分析和准确把握，一定能找到一个绝佳的突破口，把负面口碑的影响降到最低。

No. 6
口碑营销需要持之以恒的努力

产品和品牌的口碑并不是经过几次营销活动就能建立起来的，要想建立一个经得起时间考验的好口碑，就需要持之以恒的努力。

美国虽然是一个年轻的国家，但是这个国家却拥有着许多如李维斯、可口可乐等口碑很好、经得起时间考验的百年企业。这些企业之所以能维持这么长的时间，并一直保持很好的口碑，原因就是持之以恒的努力。在这些著名的百年企业的发展历程中，也有过很严重的口碑危机，但是，经过持之以恒的努力，它们还是坚持了下来。

1999年6月9日，比利时有120人在饮用了可口可乐之后发生了中毒现象。比利时政府宣布禁止可口可乐所有产品在市面上销售。随后，荷兰和卢森堡也做出了禁止销售可口可乐产品的决定。就在可口可乐品牌口碑遭遇前所未有的危机的时候，法国北部又传出80多人因为饮用可口可乐而出现中毒症状的消息，法国政府也决定在全国市场上撤出500万罐装的可口可乐。拥有一百多年历史的可口可乐一时间被舆论推到了风口浪尖。

为了挽救可口可乐的好口碑，公司先是在官方网站上对这次事件进行了解释，之后可口可乐董事会主席和首席执行官道格拉斯和伊维斯特从美国赶到比利时举行新闻发布会，对饮料所引发的安全问题道歉。虽然可口可乐已经表达了自己的诚意，但是这并没有平息消费者的怒火。很多消费者均表示这并不能让他们满意。

可口可乐公司没有放弃，它重新启动了新的应急方案。公司设立了专线和专门的网站来回答公众的各种问题。在比利时，可口可乐还向一些居民派发了公司的赠券，可以免费领取可口可乐。过了很长时间，可口可乐的口碑才又重新树立了起来（如图9-6）。

就是这种持之以恒的努力，才获得了消费者对可口可乐公司的原谅，使它的品牌口碑重新树立了起来。而其他公司，很可能在发现自己的努力没有取得成效之后，就直接放弃了。而一旦企业放弃了，负面口碑就会对品牌形象造成极大的打击，而要想重新建立，将会更加困难。

在口碑营销的每一个的环节，都需要有持之以恒的精神。口碑营销并不是一两天就能够收到成效的，经过持之以恒的努力，方能让品牌口碑在

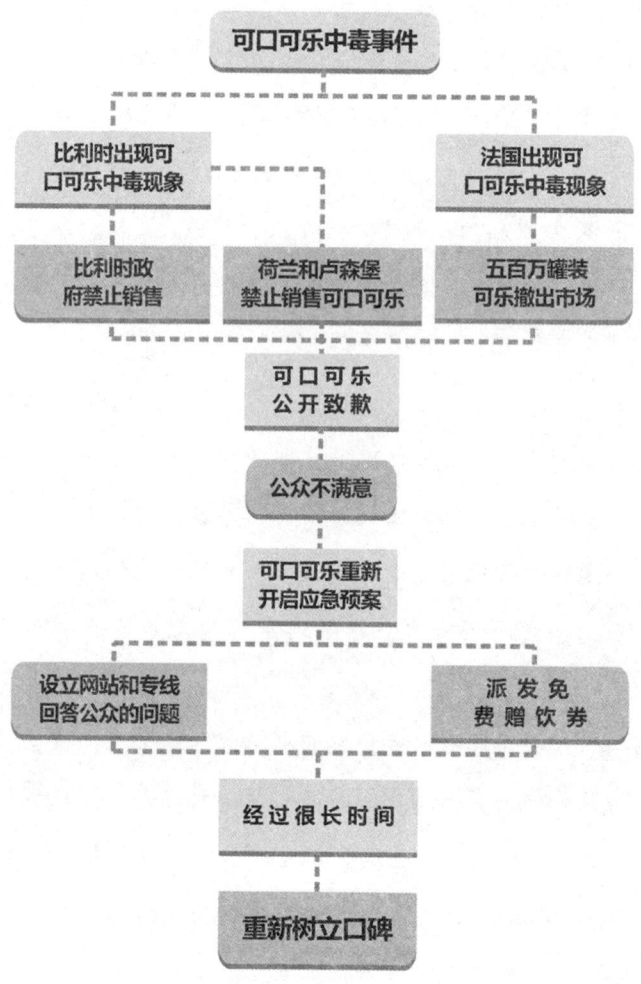

图 9-6 可口可乐重新树立口碑的过程

消费者之中建立起来,并获得传播。其中,即使有一个细节没有坚持下去,都有可能对品牌口碑产生极大的影响。

从进入中国市场开始,"小灵通"就采用机卡一体的模式捆绑销售,这种方式大大降低了运营成本,给消费者带来了方便。

通过铺天盖地的宣传,"小灵通"迅速占领了很大的移动通信市场份额。但是,简单的技术含量滋生了严重的串号和盗号现象。"小灵通"的运营商中国电信和中国网通为了挽回口碑,不断地宣传强调"小灵通"的低价,企图掩盖出现的问题,却没有坚持继续开发和改进自己的技术优势。结果很快"小灵通"就被中国市场所淘汰。

技术优势本是"小灵通"受到消费者青睐的原因,但是在出现问题的时候,"小灵通"却没有持之以恒地坚持技术开发,最终造成"小灵通"被其他的电信运营商迎头赶上并被市场所淘汰。

口碑营销是一个周期性的过程,需要不断地更新,要收到成效也是需要时间的。因此,想通过口碑营销而打响品牌知名度的企业必须要有持之以恒的努力。消费者是敏感的,企业一点的松懈都会被他们看在眼里。因此,持之以恒地坚持也是市场竞争的必然要求。

在几乎所有成功的营销案例中,都能看到企业的持之以恒。"骐骥一跃,不能十步;驽马十驾,功在不舍。"只要有持之以恒的精神,即使在险境之中,也有可能起死回生、柳暗花明。